基于学科素养的化学教学实践与研究

李忠孝 ◎ 著

北京理工大学出版社

BEIJING INSTITUTE OF TECHNOLOGY PRESS

内 容 提 要

本书由论文·课题篇、教学设计篇、教学实验篇三部分组成。每一篇中的内容都原生态地体现了作者的实践、研究与思考。

本书坚持以先进教育教学理论和化学课程标准为指导、以促进教师专业发展为目标，积极探讨化学核心素养的理论框架内涵和实践操作模式。通过化学典型课例的呈现，提炼化学核心素养落地的经验和方法，为基于核心素养的化学课堂教学提供理论指导和实践示例。

图书在版编目（CIP）数据

基于学科素养的化学教学实践与研究/李忠孝著
. --北京：北京理工大学出版社，2022.6
ISBN 978-7-5763-1379-6

Ⅰ. ①基… Ⅱ. ①李… Ⅲ. ①中学化学课－教学研究
Ⅳ. ①G633.82

中国版本图书馆CIP数据核字（2022）第098202号

出版发行 / 北京理工大学出版社有限责任公司
社　　址 / 北京市海淀区中关村南大街5号
邮　　编 / 100081
电　　话 / （010）68914775（总编室）
　　　　　（010）82562903（教材售后服务热线）
　　　　　（010）68944723（其他图书服务热线）
网　　址 / http://www.bitpress.com.cn
经　　销 / 全国各地新华书店
印　　刷 / 北京紫瑞利印刷有限公司
开　　本 / 710毫米×1000毫米　1/16
印　　张 / 11.5　　　　　　　　　　　　　　　　责任编辑 / 钟　博
字　　数 / 237千字　　　　　　　　　　　　　　文案编辑 / 钟　博
版　　次 / 2022年6月第1版　2022年6月第1次印刷　　责任校对 / 周瑞红
定　　价 / 78.00元　　　　　　　　　　　　　　责任印制 / 边心超

序
PREFACE

化学是一门自然科学，其教学目的要符合自然科学教学的意义：从化学的角度、用化学的方式认识自然世界的运行机制；学习人类对自然世界认识的角度、过程、思维和方法，发展创造力；了解人类对自然世界认识所取得的成果及已达到的水平；体会化学对人类社会文明、生产发展和生活水平提高所做的贡献等。

学科核心素养是学科育人价值的集中体现，是学生通过学科学习而逐步形成的正确价值观念、必备品格和关键能力。化学学科核心素养包括"宏观辨识与微观探析""变化观念与平衡思想""证据推理与模型认知""科学探究与创新意识""科学态度与社会责任"。

随着课程改革的不断深入推进，教师的学科理论水平、学科研究能力也在进一步提高，并且摸索、创造出了丰富多彩的教学模式。李忠孝老师的著作《基于学科素养的化学教学实践与研究》就是其中一个个例。李忠孝老师在教学中以"尝试教学法"和"自学—互学—导学"的教学模式，培养学生形成哲学思想。此书包括论文·课题篇、教学设计篇、教学实验篇三部分。

论文·课题篇包括教师的专业素养、学科的教育价值、学科的基本观念、教学的基本策略四个方面。发展教师的专业素养要从教师的专业精神（教育理念、专业态度和师德）、教师的专业知识（学科知识、实践知识、教育类知识）、教师的专业能力〔教学能力（教学设计能力、教学实施能力、教学评价能力）、组织能力、管理能力、科研能力〕、教师的专业实践等方面入手。学科的教育价值，对化学学科的教学价值、化学知识的教育价值、化学学科素养等进行探讨、论述。学科的基本观念，既包括化学学科的观念体系、内涵及教学策略，又包括在化学教学内容分析、教学策略选择、课堂教学设计和教学实践等环节中促进化学学科观念建构的探讨和论述。教学的基本策略主要涉及新课程提出的科学探究教学和新课程标准实施中的一些教学策略。

教学设计篇包括具体知识的教学、单元知识的教学和主题式教学三个方面。每个方面的教学设计和教学实践都是以具体的理论认识为先导。挖掘和应用科学概念的教育价值以促进学生情感价值观的形成；重视化学学科观念在促进学生深层次思维方面的功能发挥；注重将化学知识的内在结构与学生的认知发展水平及心理发展水平有机结合。化学学科核心素养融入三部分的教学设计，冲破了浅表性知识教学的束缚，达到了既见树木又见森林的效果。

教学实验篇包括实验探究和实验创新两个方面。实验探究包括对实验现象的探索与研究、对实验内容的探究与释疑，以及实验手段（如手持技术）的应用。实验创新是利用现有素材开发实验。

化学是一门研究宏观现象背后微观本质的学科，基础知识是研究化学的根基，实验是研究化学的工具、手段、方式和方法。基础知识是从原理和规则的角度诠释宏观现象的微观本质，而实验在教学中的作用就是把复杂的化学现象凸显出来。每一节课教给学生的方法就是"真"化学的学习过程。等到化学知识忘记了，"会学习"的"功夫"还在身上。有了这身"功夫"，才能应对未来复杂多变的世界。这就是学科核心素养的真谛。

夏志清

2022 年 3 月

前　言
FOREWORD

　　进入 21 世纪，人才对于国家的发展越来越重要，世界各国相继提出了核心素养的教学理念，以便更好地培养新世纪人才，我国基础教育课程也发生了较大的变革。2017 年我国颁发的《普通高中化学课程标准》明确指出：为建立核心素养与课程教学的内在联系，充分挖掘各学科课程教学对全面贯彻党的教育方针、落实立德树人根本任务、发展素质教育的独特育人价值，各学科基于学科本质凝练了本学科的核心素养，明确了学生学习该学科课程后应达成的正确价值观念必备品格和关键能力，对知识与技能、过程与方法、情感态度价值观三维目标进行了整合。

　　传统的教学模式不利于学生知识体系的构建，这直接影响到学生学科能力的培养和学科核心素养的发展。开展"以素养为本"的化学教学，要求教师打破原有教学的束缚，通过整体规划，将关联性的知识进行重组，将零散的知识结构化，将化学观念、学科能力和学科思维方法展现并提炼出来，实现知识和素养的融合，促进由"知识为本"到"素养为本"的转变。为打通知识与素养之间的壁垒，《普通高中化学课程标准》围绕核心素养的落实，精选、重组课程内容，明确内容要求，就单元整体教学设计、考试评价和教材编写等提出了很好的建议。

　　本书通过论文·课题篇、教学设计篇、教学实验篇三部分的实际案例，为落实三维目标提供重要抓手，为化学学科核心素养落地提供有效方法，为促进课堂教学师生共同成长提供重要依据，为促进教师整体提升把握课堂与教学能力提供关键措施。

论文·课题篇主要体现了作者的学术思想、教育科研能力等，为教师专业发展提供理论依据。

教学设计篇充分体现教学评一体化、课堂教学与课后作业一体化、关键能力与核心素养培育一体化，构建了基于真实情境发展核心素养的单元整体教学设计操作模式，即"构建教学单元→制定教学目标→分析学习起点→设计教学过程→设计教学评价→反思教学效果"。

教学实验篇引发学生对实验问题的思考，带动学生进行实验流程学习、实验操作学习和实验探究活动，对发展学生化学核心素养有较好的促进作用；激发学生的学习兴趣，培养学生分析问题、解决问题的能力，提高学生的实验探究能力。

化学是注重实验的课程，在实验的开展中可调动学生学习的主动性，也引领学生亲自操作与应用，在良好课堂环境的营造中实现学生对化学知识的内化，提高教学成效。

相信本书能够为广大一线教师在教学中落实学科核心素养提供参考。

著　者

目 录
CONTENTS

第一部分 论文·课题篇

第二部分　教学设计篇

第三部分　教学实验篇

第一部分 论文·课题篇

1. 如何提高高中化学课堂有效性教学

【摘要】随着教学改革的深入和新课程计划的实施，当下的课堂教学就是要解决"教师教得很辛苦，学生学得很痛苦"这一非常突出的问题。让教师拥有有效教学的理念、掌握有效教学的策略是解决这一问题的最佳方案。

【关键词】有效性教学；教学理念；化学课堂；教学策略

随着新课改的实施和不断深化，新课程已走进人们的生活。当下的课堂教学就是要解决"教师教得很辛苦，学生学得很痛苦"这一非常突出的问题。化学是一门以实验为基础的学科，只有抓住教材的特点，探究出适合师生的教与学的方法，在课堂教学中积极运用，才能提高课堂教学的有效性、最终提高教育教学质量。"适应学生的教育，才是最好的教育。"

有效教学的"有效"，主要是指通过教师在一种先进教学理念指导下经过一段时间的教学之后，使学生获得具体的进步或发展；有效教学的"教学"，是指教师引起、维持和促进学生学习的所有行为与策略。它主要包括三个方面：首先是引发学生的学习意向、兴趣。教师通过激发学生的学习动机，使教学在学生"想学""愿学""乐学"的心理基础上展开。其次是明确教学目标。教师要让学生知道"学什么"和"学到什么程度"。最后是采用学生易于理解和接受的教学方式。

提高课堂有效性教学的策略应从以下几个方面着手。

一、充分备课和学生预习相结合的策略

备课包括备课程标准、备教材、备学生、备板书、备实验、备教法等。教师在备课时，要确定一节课的教学目标与要求，找出教学重点和难点，了解学生的思想动态及化学知识和能力的状况，并据此确定教学方法。备课越充分，教案设计得越详细、科学合理，课堂教学效率就会越高。学生通过老师布置的预习提纲，发现问题并带着问题参加课堂师生互动学习，学生就会带着强烈的求知欲听课，这样，教师的备课和学生的充分预习相结合，课堂上就会减少"损耗"，从而能够大大提高课堂有效性教学。

二、立足教学目标，突出重点、突破难点的策略

教学目标是课堂教学的宗旨，重点、难点是课堂教学的精髓。如果处理不好，会使学生思维受阻，注意力分散，造成学习障碍，从而对化学失去兴趣，因而，教学方法一定要多样化。

1. 巧妙引言的有效性

引言是一堂课的"序曲"，教师从教材内容和学生的知识水平出发，根据教学目标，设计富有启发性的悬念。利用空白艺术，诱导学生主动探究，使其进入探究的思维状态。在讲"硝酸与金属反应"的教学中，先给学生讲述："玻尔是丹麦的物理学家，曾获得诺贝尔奖。第二次世界大战中，玻尔被迫离开将要被德国占领的祖国。他临走时将诺贝尔金质奖章溶解在一种溶液里，装于玻璃瓶中，然后将它放在柜面上。后来，纳粹分子窜进玻尔的住宅，那瓶溶有奖章的溶液就在眼皮下，他们却一无所知。第二次世界大战结束后，玻尔又从溶液中还原提取出金，并重新铸成奖章。"那么请问同学们："玻尔在玻璃瓶中放了什么化学物质，竟然把金质奖章溶解了呢？"学生议论纷纷，各抒己见，但大多数说不到点子上。然后顺势讲出了本节课的教学目标，并进入了新课教学。在教学中，结合"王水"与"不活泼金属"反应的性质，让学生思考探究波尔在玻璃瓶中装的是什么液体？这样，学生的求知欲被激发出来了，这种强烈的求知欲是学好化学的有利保证。

2. 留疑设问的有效性

苏霍姆林斯基说："教师必须懂得什么该讲，什么留着不讲，不讲的东西就好比是学生思维的引爆管，马上就在学生的思维中出现了问题。"实践证实，把课讲得天衣无缝并不一定好。相反，让教学内容有一定的弹性，留出一些问题，诱发学生的思维去填补空白，从而使讲授具有言犹尽而意无穷的特色。

如在介绍氯气的漂白真正起作用的是 HClO 及其性质后，将所学知识做总结，可以诱导学生回答下列问题：

（1）一般水池在用氯气或漂白粉消毒后，会贴出告示"三天内请勿用其养鱼"，你们知道这是为什么呢？

（2）学习了氯气化学知识后，知道家用洗涤剂，如洗厕所剂与漂白粉能混合使用吗？

通过这样的设问使教学更加有效。

3. 重视实验的有效性

演示实验是课堂教学的重要组成部分，对课堂讲授具有较强的依赖性。它是学生获取知识、活跃思维、激发兴趣、培养能力的重要手段，可调动学生学习化学的兴趣和积极性。学生可以在教师指导下，上台代替教师做演示实验，从而培养他们的竞争意识。如过滤、萃取、蒸发、吹气生火（Na_2O_2 与 CO_2 反应）、滴水生火（Na_2O_2 与 H_2O 反应）等演示实验都可以让学生上台完成。

4. 教法灵活的有效性

对于有些学生从未接触过的、难度较大的、学生理解起来有一定困难的知识，

在教学过程中应采取灵活有效的教学方法分散难点，化复杂为简单，以帮助学生能够较轻松地理解和掌握。例如，在讲 NH_3 制备时不仅注重知识本身，而且对制备实验方案设计的要求、基本思路、一般方法等进行了归纳，很好地使用了归纳建模，为学生的进一步学习在方法上做了很好的引导。要求学生总结反思、内化提升、谈谈学习后的收获等。

5. 注重研讨的有效性

学生已经具有一定的自学和阅读能力。但让学生自己泛泛地阅读，常常会出现不明确现象，抓不住重点，造成用的时间长、收益甚微的结果。课堂讨论能诱导学生从不同侧面、不同角度提出问题，相互交流看法，提高分析问题和解决问题的能力。所以阅读前，要悉心指导，提出要思考的具体问题，让学生带着问题去阅读，边阅读边思考再讨论。这样可起到"事半功倍"的效果。如讲 $Fe(OH)_2$ 的制备时，让学生相互讨论、交流为什么用煮沸的蒸馏水？为什么把长的胶头滴管插入液面下？为什么用苯或 CCl_4？制备 $Fe(OH)_2$ 还有哪些装置？通过这样有针对性地研讨使教学更加有效。

三、多鼓励学生，建立和谐的师生关系，使学生乐于学习的策略

化学新课堂应关注学生的可持续发展。从教育角度讲，教是为了不教，讲是为了不讲。学生听课注意力不集中有三个方面的原因，一是学生基础差，听不懂，没有兴趣；二是学生已懂的知识，教师翻来覆去讲，学生乏味；三是学生已有知识和思维途径与教师不"对接"，不能引起学生的思维共鸣。所以，多鼓励学生，多与同学交流、合作是关怀和促进学生的发展及创造力培养的有效途径。学生能自学就懂的知识坚持不讲，学生通过交流能理解的坚持不讲。围绕教学目标，教师提出合作的具体要求。学生通过自学，对问题有了自己的见解，但理解的程度不同，这时应组织学生讨论，按教师设计的具体问题，一般以四人为一小组（按学生水平不同合理搭配），也可以同桌讨论，组织学生自学讨论，体现对学生的尊重与关怀，但不等于牧羊式。允许学生在讨论中展开争辩，教师要巡回辅导，多鼓励学生发问，不能打击他们的积极性，及时答疑、及时引导，不能离题太远。了解学生对教材的理解情况，为精讲奠定基础，有的放矢。

四、激活反馈，师生互动积极的策略

所谓激活反馈，一是指激活学生的思维；二是指激活课堂学习形式。

（1）激活学生的思维，使其积极参与，提高效率。如在讲制备 $Al(OH)_3$ 的实验时安排了以下活动：

1）自主学习活动，让学生课前阅读课本、查阅资料、思考制备 $Al(OH)_3$ 如何操作；课中安排了阅读教材"以铝为原料制备 $Al(OH)_3$"，并独立思考对方案的看法；课后安排了巩固练习，独立完成。

2）合作学习活动，先后安排了小组内对课前"自主学习"的内容进行讨论

交流：

①分组讨论"以铝屑、硫酸溶液、氢氧化钠溶液为原料制备氢氧化铝，可能的制备方法和途径，并比较几种方案的优劣，从中选出最佳方案"。

②分组总结"以铝屑为原料制备 Al (OH)$_3$实验方案的设计过程归纳：制备实验方案设计的基本思路或流程；制备实验方案的设计，应遵循的基本原则"。

而且在此基础上对应地安排了组间进行交流。

3) 安排了 3 个活动元，[分组讨论][分组总结]两个活动元很好地对应了两个学习目标，第 3 个活动元[实战演练]为前两个活动元进行了适当的拓展与延伸。通过这样的活动使课堂教学更加有效。

(2) 激活课堂学习形式，让学生在愉快、轻松的氛围中巩固和运用知识。激活练习形式是激活思维的基础。如何激活练习形式呢？根据学生求新、求趣、争强好胜的心理特点，在设计练习形式时引入开放式练习题，如一题多解、一解多题，开展写化学式、化学方程式竞赛，小组间开展做化学接力赛题、趣味性化学游戏练习、化学小论文演讲、启发思维的探究性练习，联系生产、生活的研究性练习，家庭小实验设计展示，网上查资料。让学生把产生问题、思考问题、解决问题当作一件趣事和乐事。

课堂教学还应注意讲练结合，精讲精练。适中的课堂练习可以调动学生参与教学互动的积极性和主动性，同时要针对教学要点适当地布置一些课后练习，以达到提高的目的。教学要面向全体学生，按照大部分学生的实际水平授课，但每个学生在学习上又各有差异，要搞好分层教学，因此，要通过研究反馈信息，及时掌握情况，采取不同的矫正、补救措施，以保证完成课堂教学目标，促进课堂效率的整体提高。

课堂教学是一个系统工程，要提高课堂教学的有效性，必须全面考虑影响课堂教学的因素，找出提高课堂有效性教学的策略。只要在教学实践中不断探索、改革、总结经验，对课堂教学精益求精，就一定能使化学课堂教学效率得到提高，最终提高教育教学质量。

参考文献

[1] 崔允漷. 有效教学 [M]. 上海：华东师范大学出版社，2009.

[2] 宋心琦，王晶. 普通高中化学课程标准实验教科书——化学 [M]. 北京：人民教育出版社，2009.

[3] [美] 威廉·威伦，贾尼丝·哈奇森，玛格丽特·伊什勒·博斯. 有效教学策略 [M]. 6 版. 北京：教育科学出版社，2009.

[4] 刘知新. 化学教学论 [M]. 北京：高等教育出版社，2004.

2. 基于化学实验教学培养学生提出问题能力的研究

【摘要】依据学生的认知规律，教师积极创设情境使学生"想提出真问题"，想方设法营造氛围使学生"敢于提出问题"，培养良好习惯，使学生"喜欢提出问题"，教给学生方法，使学生"学会提出问题"，逐渐培养学生提出问题的能力。

【关键词】创新；提出问题；能力；实验环境；解决问题

新课程改革的基本理论之一是培养学生提出问题并解决问题的能力。在化学教学课程中，实验课程较多，要求学生动手能力较强。如果学生能有效地提出问题，教师就能更好地引导学生分析问题、解决问题，这有利于培养学生的创新能力。培养学生提出问题的能力是促进学生认知发展的重要途径，也是创新教育改革和提高学生素质的关键。而要培养学生提出问题的能力，教师还需要掌握一定的教学策略。

一、化学实验教学中培养学生提出问题能力的教学策略

爱因斯坦说过，提出一个问题往往比解决一个问题更重要，因为解决问题也许仅是一个数学上或实验上的技能而已。而提出新的问题、新的可能性，从新的角度去看旧的问题，却需要有创造性的想象力，而且标志着科学的真正进步。

1. 中学生提出问题能力的现状分析

中学生受传统课堂教学模式影响比较大，在课堂上很少主动提出问题，大多数情况下是由教师提出问题，学生被动地接受问题。有的教师对学生提出问题能力的培养不重视，或不知道通过什么方法有效提高学生提出问题的能力，加之本身课堂教学时间有限，担心学生提问占用过多的课堂时间。长此以往，学生对教师的依赖性渐渐增加，对问题意识逐渐减弱，对提出问题本身的意义逐渐模糊。即使有时候在课堂上教师鼓励学生多提出问题，学生的第一反应常常是在想到底提出什么样的问题才合乎老师的要求？甚至有的学生提不出任何问题或不敢提出问题。渐渐地，学生不懂怎么提出问题，而养成没有提出问题的习惯。这不利于激发学生学习的自主性和积极性。在教学过程中，教师要注重对学生提出问题能力的培养，鼓励学生多提出问题，激发学生主动提出问题的意识，才能更有效地培养学生的创新精神。

2. 抓住培养学生提出问题能力的三个阶段

在训练学生提问的最初阶段，当学生还不会提问时，教师应该注意引导学生去阅读、观察、分析、比较，向学生布置学习任务，引导学生产生疑问并提出问题。如"你们比较一下、分析一下，看有什么问题？"使学生在完成任务的过程中产生疑问和困难；通过"延时评价"，以短暂的沉默去引起学生的思考，促使学生产生疑问。从"让学生把任何自己不明白的问题提出来"入手进行提出问题的习惯与勇气的训练。

高一是学生学习知识和认知水平有比较大的飞跃的阶段，是教师培养学生提出

有水平问题的阶段，学生刚进入高中，在心理上有一种比较害怕的感觉，特别是教师的大量放手，学生自我的管理能力又不是很强。他们不知道如何做。什么事情都想做好，但是不知道怎么做最好。这时，他们特别需要教师的指导。在个体提出问题的时候，教师安排其他学生共同实验探究，使个体问题探究的过程成为全体学生对问题的研究过程，体现了学生的集体力量。所以，高一是教师培养学生提出问题、学会提出问题、提出有价值的问题的阶段。如海带提碘的实验，在学生看完录像后，教师让学生提出问题，再让学生实验，这个过程实现了读书学习→认知提高→观察归纳→提出问题→再实验的思维的全过程。

高二是情感、认知、学习成绩、情绪、学生与学生、学生与教师、学生与家长的关系都不稳定的阶段，也是在学习上分化比较严重的阶段。

学习内容多且难度大，学生的注意力不太集中，所想的东西很多，在这个阶段如何应用实验手段把学生吸引到我们共同关注的训练和问题提出的过程中，工作量很大。

例如，有机化学的合成与推断的学习知识的分化阶段，我们采取了让学生自学→提出问题→相互讨论→提出问题→学生讲课→学生评价→教师提示的工作训练流程。再如学生在醇的性质实验的过程中，利用测量气体的体积推断与其他五个氢不相同的探究实验，学生提出不同测量的装置和方法。又如氨的实验，安排成教师讲述与学生实验相结合的实验方案，实验后学生有一连串的问题提出。例如，棉花的作用是什么？还有什么实验应用到了棉花团？为什么都是酸，但与氨气反应的现象不同？特别是在弱电解质的测定实验中，他们对书上的实验加以评价，同时应用不同的方法检验电解质的溶液区分的方法，学生共设计了几十种方法的展示。

高三是学生认知过程的成熟阶段，有一定创新思维的表现。学生群体的相互激励，学生之间的研究和学习，成为这个阶段的特征，学生已经学会提出问题，已经能够应用实验来验证或判断自己提出问题的解决方法，他们有了问题会在图书馆、计算机、信息网络和有关专家访问、学习与探讨，还有的学生充分利用了实验室的实验方法，解决自己提出的问题。例如，二噁英的结构是什么？它为什么是致癌物？它通过什么使人和家畜死亡？维生素C是水溶性的还是肠溶性的？它的作用是什么？为什么对人体有重要的作用？热敷袋的原理和冰枕的原理是什么？以"趣味化学实验探秘"为主题的公开课中，让学生自己通过实验、讨论、查询、走访等过程，这种以学生提出问题开始→讨论、查询、走访→实验→问题得到解决的全过程，使学生在提出问题的能力上得以提高。

二、在教学和实验环境中培养学生提出问题的能力

1. 积极创设情境，使学生"想提出问题"

在实验内容丰富多彩、信息量大、课本贴近社会生活和实际的情况下，例如，二氧化硫的性质实验与二氧化碳的性质有哪些相同的地方，有哪些不同的地方，引导学生先从物理性质考虑相同点、不同点；从化学性质上比较（应用学生讨论，教

师演示，学生小结，最后得到结论）；制备的异同（药品、原理、装置）；尾气的处理（钙基固硫的工业、氧化的问题）；特殊点等方面。在教师提问创设情景时，注意使用启发式的语言。在课堂中，教师应努力营造一个宽松、平等、和谐的学习氛围，调动学生的学习兴趣，让学生精神放松，大胆地质疑，积极地讨论。

2. 引导多角度思考，使学生"敢于提出问题"

思考是学生提出问题的开始，想方设法营造氛围，使学生"敢于提出问题"。我国传统教学往往注重发展学生的求同思维，而忽略了学生求异思维的训练，无形之中使学生形成了一个固定的思维模式，严重影响了学生的观察力、好奇心、想象力和主动性的培养。因此，教师应引导学生多角度地思考问题。如过氧化钠与水反应的实验中，使酚酞颜色褪色的原因的分析，启发学生从多角度考虑问题，在学生讨论的过程中，可以因势利导，让学生多角度地展开思考，各抒己见，使学生自己提出的问题在讨论中得到初步解决，然后进行实验验证。

3. 教给学生方法，使学生"会提出问题"

朱熹说："始读，未知有疑"。要想提出问题，提出好问题，就只有熟读课本，钻研课本，熟读、静下心读书，才能多思。为培养学生提出问题的能力，一是要让学生养成良好的阅读习惯（认真读书）。二是要让学生了解提出问题的范围，例如，实验室检验补血剂的成分实验和硫酸亚铁晶体的制备的学习中应该给学生比较长的时间读书，在书中找到问题，在书中找到答案，在书中学会方法、在书中学会实验制备的步骤。三是要培养学生在难点处提出问题、易错处提出问题的技能。例如，在氢氧化铁和氢氧化铝的多种制备方法中教给学生从以下几个角度提出问题：制备的原理、制备原料的选择、仪器的选择、安全。在课内和课外都要鼓励学生大胆提出问题并学会提出问题、能够提出好问题，这是教师逐步培养和训练的过程。

4. 培养良好习惯，使学生"提出好问题"

"学起于思，思源于疑。"不断发现问题、提出问题是学生思维活跃的表现，也是学生勤于动脑、善于思考的表现。因此，在培养学生提出问题能力的同时更应保护学生提出问题的欲望，让学生树立提问的信心。

三、调动学生积极参与，充分发挥学生的主体作用

学生是学习的主人，要调动学生提出问题的积极性。学习是从"发问"开始的，没有自己的问题，就永远没有创造。质疑是调动学生学习的积极性和培养创新思维能力的有效途径。要让学生由"聆听者"变成"参与者"，由被动接受的"容器"变成主动获取的"探索者"，这样才能激发学生的求知欲望。众所周知，学生提出问题必然是其知识结构中的空缺处，因此，发现问题的过程就是学生筛选已有知识并通过思考找出空白点的过程。

1. 示范启发是帮助学生开启提出问题之门的金钥匙

教师在实验课堂中通过演示或板演启发学生，给学生发挥创造潜能必要的外部

刺激，使学生的创造需要得到满足。仅有良好的教学气氛是不够的，还需为学生提供必要的诱发创造性思维的刺激。就好比"投石激水"，创造性思维的一潭泓水被激活了，满足创造需要的快乐情绪也就会油然而生。

例如，配制一定物质的量浓度的溶液实验一课，学生比较容易体会到教师演示的操作过程，但是，为什么这样做？不这样做还可以如何做？不这样做为什么不行？这些都难以理解。因此，教师就在此演示实验之后，创设学生质疑的环境，向学生展示发现问题的思维过程。看了教师的演示实验后学生想知道什么？实验之前还想知道什么？通过引导学生质疑，突破了学生在实验中只是照方抓药，不动脑，根本达不到实验的目的弊端。初步学会提问质疑，再去考虑提出问题的科学性和可行性。如教师在实验前布置了复习催化剂的概念。有的学生提出：催化剂是有不同的，学生在课外读物看到，过氧化氢放出氧气不一定应用二氧化锰，应用其他的铁盐都可以起到催化作用对吗？学生提出的各种问题，而且与催化剂有直接关系的问题提出得很准确，可见，提问方法已内化为学生自己的能力。

2. 积极评价是提高学生提出问题能力的催化剂

情感具有强化功能，"表扬""奖励"则是一种正强化，它能够使有机体增强某种反应重复的可能性。因此，教师要善于捕捉学生星星点点的思维火花，不失时机地予以积极评价，使学生时时有一种愉悦的心理体验，使他们乐于提问。

四、从实验教学入手训练学生思考问题、提出问题、解决问题

1. 设立实验问题——促进学生提出问题

实验教学是培养学生提出问题、解决问题、展示想象、思维创新的好的方法，利用化学实验教学的方式，启发学生开阔思路、多思善想、质疑问难；达到培养创造思维能力的目的；通过真正摸索实验的研究，将实验与能力两层皮的弊端产出。

为探讨化学平衡移动原理与氧化还原反应规律的联系，某同学通过改变浓度研究 $2Fe^{3+}+2I^- \rightleftharpoons 2Fe^{2+}+I_2$ 反应中 Fe^{3+} 和 Fe^{2+} 的相互转化。实验如图 1 所示。

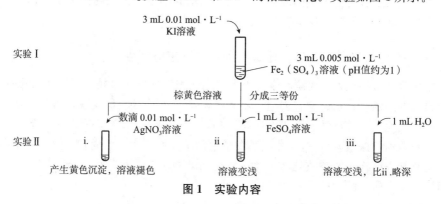

图 1　实验内容

（1）待实验 I 溶液颜色不再改变时，再进行实验 II，目的是使实验 I 的反应达

到_____。

（2）iii 是 ii 的对比实验，目的是排除 ii 中_____造成的影响。

（3）i 和 ii 的颜色变化表明平衡逆向移动，Fe^{2+} 向 Fe^{3+} 转化。用化学平衡移动原理解释原因：_____。

（4）根据氧化还原反应的规律，该同学推测 i 中 Fe^{2+} 向 Fe^{3+} 转化的原因：外加 Ag^+ 使 c（I^-）降低，导致 I^- 的还原性弱于 Fe^{2+}。用图 2 所示的装置（a、b 均为石墨电极）进行实验验证。

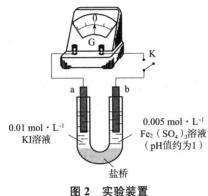

0.01 mol·L^{-1}
KI溶液

0.005 mol·L^{-1}
Fe_2（SO_4）$_3$溶液
（pH值约为1）

盐桥

图 2　实验装置

1）K 闭合时，指针向右偏转。b 作_____极。

2）当指针归零（反应达到平衡）后，向 U 形管左管中滴加 0.01 mol/L $AgNO_3$ 溶液。产生的现象证实了其推测。该现象是_____。

（5）按照（4）的原理，该同学用图 2 所示的装置进行实验，证实了 ii 中 Fe^{2+} 向 Fe^{3+} 转化的原因。

1）转化的原因是_____。

2）与（4）实验对比，不同的操作是_____。

（6）实验 I 中，还原性：I^-＞Fe^{2+}；而实验 II 中，还原性：Fe^{2+}＞I^-。将（3）和（4）、（5）做对比，得出的结论是_____。

按照一般的教学过程，可以直接带着学生解决这个问题，但是，想通过这个实验进行学生提出问题的训练，采取了只给图的程序（看图学生提出问题）→学生发表意见→教师指导深入探究→引发新的问题的出现→再看题中的含义和问题，经过这样的训练过程，教师在每个过程都给予学生鼓励和评价，使学生学习到如何提问，什么样的问题有价值，在探究的过程中也可提高认识问题的能力。

2. 训练提出问题，解决问题的探讨——实验室的开放

开放实验室是训练学生能够根据自己的问题，实验研究的最好的场所。放学后的开放、中午的开放、周六的开放，都给学生的问题探究和问题的解决提供了很好的环境。

3. 有序合理的安排——提高训练的前提

学生提出了问题，需要好的解决问题的方法和方式，分组实验是解决问题的一种方式，它不可缺少，所以，强化分组讨论学习、分组实验学习、分组验证都是促进团队配合。这种分组实验不仅可以使学生可以讨论和独立思考，而且还是系统掌握知识、学习知识、探讨知识的重要环节。通过实验，训练学生自主分析问题、提出问题、调动勤于质疑的行动。通过实验，训练学生提出问题，真正培养创造能力。

参考文献

[1] 刘知新. 化学教学论［M］. 4 版. 北京：高等教育出版社，2009.

[2] 林承志. 化学课程与教学论［M］. 北京：北京师范大学出版社，2012.

[3] 冯燕瑛."溶液中离子平衡的应用"教学设计［J］. 化学教育，2010，31（52）：151—153.

3. 京蒙携手培养化学学科关键能力

【摘要】本文通过对蒙地化学课程教学的现状分析，给出了京蒙两地教师共同培养学生化学学科的科学素养，并逐步形成关键能力的方法和策略。

【关键词】京蒙携手；培养；关键能力；核心素养

京蒙对口帮扶合作是国家重大战略部署，教育帮扶是阻止贫困代际传递的治本之策。教育是人才的基础，人才是国家的根本，故兴当地教育乃是两地的共同期盼。

培养学生适应社会发展需要，提高学生学科的关键能力，提升应具备的品格与关键能力，是京蒙联手推进两地学校育人的目标。学科关键能力是学生核心素养发展的重要组成部分，也是两地学校教育教学的关键突破点。

一、化学学科关键能力

化学学科关键能力可分为获取信息与加工能力、实验操作与探究能力、模型构建与认知能力，化学表征能力，概括和运用化学思想方法能力，证据识别与推理能力。

其中，实验操作与探究能力的发展贯穿整个化学课程实施过程，是学生获取化学知识和技能的重要途径，也是学生走进化学世界的极佳途径。

二、蒙地化学课程教学的现状

1. 学生的学习兴趣不浓

教师在课堂教学中只关注化学知识的传授，而忽略了学生对于化学这门课的学习兴趣。随着学习化学知识越来越多，有的学生开始认为化学是一门枯燥无味、抽象难记的课程。这样导致学生产生抵触的心理，在这种心理的驱使下，学生对于化学这门课程失去了学习的兴趣和动力。这样的状况，核心素养和学科关键能力当然更难以落实。

2. 教学方式单一

教师的教学设计缺乏情境化、问题化、方法化、实践化、阶梯化等多种形式的教学策略。

教师在课堂上主要以灌输方式的教学手段完成教学目标和教学设计，以传统教学模式进行单方面口述而展开教学活动。基本上是教师怎样讲学生怎样听，学生的主观能力得不到充分发挥，学生的创造性思维得不到体现，从而导致学生处于被动学习的地位，而这种学生学习兴趣和课堂参与度不高的问题，是由于教师多年以来的教育思想造成的。如果这种情况依旧存在，将对学生核心素养和学科关键能力的培养造成很大程度的影响。故改变现状要从思想入手，从根本进行改变。

3. 实验课很难开展

化学是一门以实验为基础的学科。通过实验,可以培养学生的核心素养,锻炼学生的学科能力。但是,从当前的实验课的情况来看,学校的实验仪器药品缺乏严重,分组实验很难实施。有少部分实验只是由教师在课堂进行演示,这样,有的学生对于实验的观察并不是很细,有的则是一晃而过,没有看清楚,实验就已经结束了。学生只是观看而不能动手操作,这样的教学模式极大地束缚了对学生动手能力的培养,让学生难以直观地感受现象,更无法感受化学的乐趣。而即使在有仪器的情况下,也不敢放手让学生去完成,或者只是按部就班,而不关注学生在实验中的其他尝试和疑问,更谈不上核心素养与学科关键能力的培养。

三、基于核心素养及学科关键能力的教学路径

1. 不断改进学习方法

为了培养学生的核心素养和学科的关键能力,必须改进教学方法,教师需要研究方法,本身要有创造性思维。不断改进教学方法,激发学生学习兴趣,引导学生积极思考,点燃学生的思想火花,使学生主动学习知识。例如,学习探究实验室制取二氧化碳最佳药品这一节内容时,教师在引课时用了王亚平的太空泡腾片实验的视频,就把学生的兴趣调动起来了。如果教师问学生,产生温室效应的气体是什么,用传统讲授知识方法引课就显得乏味。

教学中摒弃单向灌输,低起点,缓坡度,多活动,快反馈,实施深度学习。把教的创造性交给教师,把学的主动性还给学生。让学生位于课堂中心,让学生逐步学会如何学习化学这门课程,逐步培养学生的核心素养和关键能力。在讲授化学知识的时候,要特别关注学生的独特思考能力,让学生学会怎样思考问题。例如,在学习探究实验室制取二氧化碳最佳药品的这一节内容时,教师就要让学生首先设计实验方案,然后分组讨论哪个方案最佳,再根据最佳方案,让学生进行观察实验并在组内合作交流,增强学生团队合作能力,并且使学生的主动能力和实验观察能力也有极大地提高。教师要逐步促进学生进行独特的思考,具体按照如下的方法进行:在课堂上让学生通过实验,观察总结碳酸钙粉末、碱粉末、小苏打粉末分别与稀盐酸和稀醋酸反应的现象,再通过对比探究现象的差异。这样真正让学生参与课堂教学中,使学习真实发生,不断提升学生的自主思考能力。

2. 多种教学方式相结合

学生核心素养以及学科关键能力的培养,重点在于如何实现教学的有效性。教师要适时地多进行实验探究活动,让学生喜欢化学这门课程。在教学的时候,教师应用怀疑的态度来看待化学实验探究活动的设置,在探究活动中设置问题、引发问题,让学生质疑,提升学生的思维能力。

例如,探究实验室制二氧化碳最佳药品的这一节内容时,学生就提出质疑,为什么不用稀硫酸制取二氧化碳?乘势而为,让学生补做实验,探究稀盐酸和稀硫酸分别与块状大理石的反应,通过对比实验学生自己总结出稀硫酸与块状大理石反应产生气

泡少，反应进行一会儿就停止了，而且在大理石表面产生了白色固体的硫酸钙。如果进一步追问学生为什么反应停止了，学生也能回答出是生成的硫酸钙把大理石包裹起来了，阻止了反应的进行。通过实验探究，学生明白了实验室制取二氧化碳最佳药品是稀盐酸与块状大理石。在化学探究活动的设置中，应当注重化学知识之间的联系，促进学生通过化学知识的综合应用，让学生学会学习。在探究活动中，教师应注重师生、生生之间的沟通与交流，满足核心素养以及学科关键能力培养的需要。

3. 注重过程体验，促进自主发展

化学教学一定要与实际的学科特色相结合，多让学生主动参与到课堂教学中，让学生通过动手操作实验，掌握必备的化学知识，这样获取到的知识更加牢固，使学生在过程中有丰富个体的体验，提升体验后的质量和内涵，通过学生之间的交流，学生很自觉就知道了一些化学事实，从而应用到生活，提高学生对生活中的化学的感知能力。

综上所述，化学教学的目的是激发学生内在的学习动机，真正发现化学之美，从而培养学生的学科能力，以此来发展学生核心素养以及学科关键能力。化学有效的课堂教学体现出学生对未来发展及能力提高的统一要求，故培养化学学科能力是有效课堂的根本所在。

京蒙两地教师携手培养学生的学科关键能力，是要以北京的标准，根据内蒙古的实情，来走符合卓资发展的实际道路，合力将当地教育水平带入新的高度。

参考文献

[1] 吴永才. 中小学学科关键能力研究的思考与认识 [J]. 教学与管理，2016 (12)：57—59.

[2] 周仕德. 我国基础教育学生能力培养目标问题的重新审视 [J]. 现代基础教育研究，2015 (04)：6—12.

[3] 王静波. 化学教学中提高学生的科学素养 [J]. 中学生数理化（教与学），2014 (02)：13.

4. 在化学实验中培养学生的科学素养和创新精神

【摘要】 实验探究和研究性学习是综合实践活动的一部分。可以对通过实验探究学习，培养学生学习兴趣、科学方法、创新精神和创新能力起到促进作用。本文结合教学实践，在新课程理念下，对开展好实验探究和研究学习做了一些探讨和尝试。

【关键词】 化学实验；实验探究；创新能力；科学素养

化学是一门以实验为基础的自然科学，实验在化学教学中起着举足轻重的作用。化学实验对激发学生学习兴趣、启迪学生思维、培养科学方法和创新精神均能产生积极有效的作用。教师应有效地利用化学实验，通过一系列有效的方法和手段，让学生亲身体验化学实验的操作过程，并从中发现新问题、寻找新方法、获得新的知识和技能。这种亲身参与的学习方法，能极大地调动学生的学习积极性，提高学习效率。

一、激发学生对化学实验的兴趣

一堂好课，常常一开始就能扣住学生的心弦，而实验是激发学生兴趣的首要外部因素。教师在导入新课时，如果能巧妙地安排一些简单易做、颜色鲜明、变化莫测甚至让人匪夷所思的小实验，就能激起学生探知究竟的欲望，有利于矫正被动型接受式的学习情绪，使学生产生极大的学习兴趣。

化学离不开生活，生活中的一些现象与化学有关。用石灰浆抹墙时，要生个炭火盆，开始放炭火盆时，墙壁反而变潮湿；雷雨肥庄稼；建筑用砖砌墙和贴瓷砖时，先要将砖和瓷砖用水润湿；铁锅生锈；新买的铝锅，烧过自来水后有黑色斑点；这些奇妙的现象在激起学生的好奇心后，就能促使他们去学习石灰、二氧化碳、氮气、铁、铝的性质。

我们也会遇到一些奇特的实验现象。例如，"过氧化钠"一节的教学，首先演示"滴水生火""吹气生火"的实验（在脱脂棉中包一些过氧化钠放在石棉网上，然后用滴管滴入 2～3 滴水；如果不滴水，用一个长玻璃导管对准脱脂棉吹气，都能立即冒出熊熊的火焰）。学生观看到这一违反"常规"的现象，既兴奋，又好奇，产生"水火不相容，为何水又能生火呢""二氧化碳能灭火，为何又能生火"的疑问。

二、激发学生对化学实验的阅读思考

教师在激发了学生学习情绪、口欲言而说不能的情况下，根据本节课的教学目标，提出与新课有紧密联系，富有趣味性、开放性的问题。如：①滴水为什么生火？吹气为什么生火？②它们发生了哪些反应？③结合本实验，能设计出其他类似"生火"的实验吗？设计问题的目的，不是把每个知识点现成的结论硬塞给学生，而是引导学生带着问题阅读课本，有针对性地独立思考甚至激起学生产生亲身体验实验操作的欲望，通过实验探究得出结论。

三、培养学生对化学实验的探究能力

学生的探究热情被激发后，教师应积极引导学生发散思维。首先，让学生结合书本知识，紧密围绕要解决的有关问题，寻找信息和解决问题的办法。运用猜想、估计、推理等方式设计实验，亲身进入探索情境中。其次，教师要根据本课堂的学习目标，提供相关的实验条件。最后，教师根据学生的探究情况，做适当的点拨指导，帮助学生解决学习中的疑问。如学习"过氧化钠的化学性质"时，先让学生做完书中的演示实验，然后进入问题的点拨：①联系氧化钠的化学性质，思考过氧化钠的化学性质一般包括哪些？②由实验可得到过氧化钠的哪些化学性质？③把水滴入过氧化钠中，有何现象？能得出什么结论？④怎样归纳过氧化钠的化学性质？与氧化钠性质有什么区别？

实验探究一定要围绕学生感兴趣的问题展开设计，目标明确、层次分明，这样才能探有所得、究有结论。另外，在实验探究中为学生创建展示平台。我们在平时实施演示实验教学过程中，可将教材中的演示实验分为四种形式教学：①对重要实验，教师演示，学生观察、分析得出结论。②对一些要求不高的实验，可对学生开放实验室，要求学生设计或改进后上台演示。③对一些难度较大、要求较高、现象又不明显的实验，教师先进行演示，让学生在观察中提出问题，让学生讨论分析实验的缺陷在哪里，使学生始终处于探究的思维状态，进而改进实验。④对一些探究实验，让学生自己提出方案、实验步骤、实验目的、实验的仪器、实验需要的药品；学生完成实验后，以小组汇报实验成果，分析实验成功、失败的原因。另外，将分组实验改为单人实验，这样做使每个学生都能亲自动手操作。它有利于培养学生良好的学习习惯，使学生懂得：办任何事情都要有目的、有计划，还要有坚持到底的决心。最重要的是有利于培养独立工作的能力，这也是教育本身急需培养的一种能力。

四、对化学实验过程中问题的深入讨论

学生在探究的过程中，必然会产生一系列的问题，如实验操作失误、现象理解的偏差及由实验衍生出的知识问题。教师则要注意观察，注意提炼，适时点拨、引导，组织学生讨论寻求问题的方法。由于学生长期沉浸在自学自悟的认知探究活动中，学生学习的问题就越来越多，问题倾向也会越来越大，求知欲望就会越来越强烈。教师则要引导学生大胆发问，大胆想象，互相争议，通过辩论、评论的方式，有利于学生在探究的过程中，激发出多向思维和换角度思考的能力；有利于形成和培养学生的问题意识，激发出学生勇于探索的科学精神。在问题讨论中，养成合作探究、团结互助的良好习惯。

五、培养学生的实验迁移、创新能力

学生通过自主探究、问题讨论，获得比较圆满的答案，从而产生成功的喜悦，知识领悟能力、学习自觉性必然增强。教师则要再次举例，启发、引导学生进行知识类比，让学生通过联想，形成"新"的发现，得出"新"的规律。

在面临新的问题情境时，能迅速找出新旧知识之间存在的共同要素，从而确定所需解决的新问题可归属于已有的同类知识的延伸或扩展，使学生获得的知识合理迁移。在学习过程中，要不断反馈学生对知识的掌握程度，通过相互矫正，有利于自发地形成学生知识的迁移能力。

化学实验在提高学生素质上具有整体的、综合的、独创的功能。在实验过程中，学生通过亲手操作，培养良好的学习习惯，使学生懂得科学实验要有目的性和计划性，做其他事情也同样如此。在实验过程中，通过激励学生改进实验方案、设计实验，拓宽学生实验思路，提高学生解决实际问题的能力，并且使实验教学内容更贴近学科发展和其他领域的需要。

在化学实验中，不断探究、不断创新，符合新课程理念和素质教育的要求，培养了学生科学的学习态度和学习方法及关心自然、环境、关心社会的情感；培养了学生观察、思考的能力；培养了学生科学素养和创新能力。

参考文献

[1] 中华人民共和国教育部. 普通高中化学课程标准（实验）[M]. 北京：人民教育出版社，2003.

[2] 宋心琦. 化学（必修）[M]. 北京：人民教育出版社，2007.

[3] 马宏佳. 化学教学论 [M]. 南京：南京师范大学出版社，2007.

[4] 钟启泉，裴新宁. 化学课程与教学论 [M]. 杭州：浙江教育出版社，2003.

5. 化学教师在新课程背景下，如何转变教学理念

【摘要】 在新课程背景下，化学教师如何转变教学理念，就要从"课堂主体、教学模式、学习方式"三个方面进行转变，从而培养学生"自主探究、合作创新"的精神。

【关键词】 新课程；教学理念；学习方式；转变

高中化学课程改革的主要目标：建立有共同基础而又能适应不同学生的发展需要的、适应时代需要的、可选择的化学课程体系；体现化学课程的应用性和实践性，以进一步提高学生的科学素养为宗旨，激发学生学习化学兴趣，尊重和促进学生的个性发展。新的化学课程要求：以科学探究为突破口，以教师角色、教学方法、学生的学习方式的转变为着眼点，培养学生的合作精神，激发学生的创新潜能，提高学生的实践能力，培养符合时代要求的高素质人才。

一、课堂主体的转变

传统的教学模式，教师讲的内容，学生学的内容，一切都由教师主宰，学生在课上、课下的思维、行为完全在教师控制中，所以，学生所提出的问题也难不倒教师，教师是典型的真理化身。然而，实施新课改后，学生的思想活跃了，兴趣上来了，见多识广了，问题新颖而广泛。因此，教师不再是知识的权威，只是学生学习的组织者、参与者和引导者。以前学生做化学实验，教师事先规定学生做什么、观察什么，甚至是教师做、学生看，限制了学生的想象力和创造力。新课程鼓励学生自行设计实验，提出方案，实验探究，学生在实验过程中，需要什么仪器、药品等，都由学生自行确定，教师由从前课堂的主体变为学生的服务者，由知识的传授者变成了学生学习的促进者。

例如，在讲选修1《化学与生活》第一章"关注营养平衡"中第四节："维生素C"时，让学生自主设计实验，测定不同水果、蔬菜中"维生素C"的含量，水果、蔬菜可由学生从家带或由教师提供，实验仪器（榨汁机、滴定管）、实验药品（淀粉碘溶液）等由教师提供，学生以小组的形式来进行实验探究，最后把实验结果（各种水果、各种蔬菜"维生素C"含量绘制成表格）报告给教师，同时让学生分析实验中失败的原因。这就符合了新课程标准强调的学生主体性，由学生为教师服务转变为教师为学生服务，教师应该是体育场上的"教练""导师"。古典的教学方式只注重前人的经验和理论，把形成结论的生动过程变成了枯燥乏味的条文背诵，作为教师总是"盛气凌人"的训斥，严重挫伤了学生的自尊心，压抑和束缚了学生创新能力的发展。

新课程标准提出：在人类文化背景下，构建高中化学课程体系，充分体现化学课程的人文内涵，发挥化学课程对培养学生人文精神的积极作用。新课改的实施，

要求教师有充分的民主意识，把学生看成独立的"人"、发展的"人"，应该"蹲下身"与学生平等交流、与学生产生心灵上的共鸣，做平等对话的发言人、学生学习的"引路人"。

例如，在探究"原电池的形成条件"的实验中，传统的教学方式是教师做、学生看，如今是学生自行设计实验，在实验中探究问题，教师在学生设计的实验中遇到问题或出现偏差时，及时指导、点拨、协调，教师要有教有导，切忌越俎代庖，或放任不管。应时刻关注，分析研究学生怎样发现问题，提出问题，从而解决问题，并对此作出评价。如果学生回答问题出现错误，教师不要嘲讽，而要用目光、语言给予肯定，用心交流，鼓励其进一步探索，大胆创新。如果学生回答得非常完美，就用赞美的语言去鼓励。

传统的教学模式是满堂灌，没有激情，缺少活力，更谈不上学生自学和创造性思维。新课程要求教师帮助学生建立一个宽容的、持久性的、容易接受的课堂氛围，努力创设丰富多彩的教学环境，激发学生的学习动机，形成持久的学习兴趣。

二、教学模式的转变

化学新课程改革提倡自主、合作、探究的学习方式，既是一种学生学习方式的变革，更是一种教学模式的变革，师生在交流、合作中实现教学目标。

例如，讲化学必修1"硫酸性质"一节时，教师应该打破传统的先讲浓硫酸的物理性质到化学性质，再到用途的教学方式，而是先问学生"你对稀硫酸的性质了解多少？"，从已有的经验出发，类推浓硫酸，然后举一些案例，如浓硫酸伤人事件、烧伤大熊猫事件等，让学生在熟悉的生活情境中感受化学，强烈地激发了学生的学习兴趣。对于浓硫酸的性质，不再是机械的记忆了。然后通过浓硫酸与蔗糖、石蕊试纸、铜的一系列实验，探究出浓硫酸的强氧化性、脱水性，学生在整个学习过程中，对知识的获取是主动的，印象是深刻的，更主要的是训练学生的探究能力，因为，为学习后面的浓硝酸性质打下坚实的基础，这就是探究式学习的优势。

新的教学方式使师生体验到成功感和快乐感，感受到了知识的价值，学生既探究到了书本上的知识，又探究了与人类息息相关的知识，如电子表上的纽扣电池、干电池、汽车的铅蓄电池、宇宙飞船上的氢氧燃料电池等原理；食盐中的碘元素、海带中的碘元素、鸡蛋中的蛋白质等，课后学生在日常用品中自由选择后探究，各抒己见，表现了学生强烈的求知欲。学生的自主性、主体性得到了充分发挥，提高了学生的科学素养，培养了学生的科学态度和科学方法。

传统教学方式的改变，由教师"教"向学生"学"的转变，能使一节枯燥无味的课变得兴趣盎然。例如，在讲 Na_2O_2 与 H_2O 反应（滴水生火实验），让学生探究该反应为什么有如此现象？然后再让学生探究 Na_2O_2 和 CO_2 的反应实验，此反应现象与上一个实验是否相同？这样就激发了学生强烈的求知欲，每个学生都跃跃欲试，急于表现自己，使那些不愿意学习的学生都参与进来了，轻松地掌握了这节课所学的知识。由此可知，只有学生满意的教学方式才是最佳的，其中，重要的是学生在知识、能力，特别是研究方法上学到了多少，只注重教而忽略学，只能让教师一厢情愿的辛苦付之东流。首先让学生感兴趣，然后让学生感到学的知识是有用的，可以解决问题，富有成就感，使最初的兴趣得以持久，这才是由教师的"教"向学生的"学"转变带来的巨大收获。

三、学习方式的转变

学生高品质的学习是自主学习。自主学习能有效地促进学生发展，从古至今，大量的事实证明，学生主动想做的事就会越做越有兴趣，就会越做越好。兴趣是学习的原始动力，是最好的老师，"授之以鱼，仅解一餐之饥；授之以渔，则受用终身"，所以，化学新课程提出的学习方式，就是自主探究合作，"授之以渔"。因此，教师应该想尽一切办法，调动学生学习的积极性，促进学生的个性发展。

自主学习，也表现学生在课堂上提出的一些问题，如"铝制餐具为何不宜用来蒸煮或长时间存放具有酸性、碱性、咸味的食物呢？""'神舟七号'是由什么材料制成的？"通过学生提问与讨论，创设一种人人参与的氛围，学生也就自然参与到课堂教学中。

新课程倡导学生"自主、交流、合作"理念。在交流合作中，学生能意识到与他人有差距时，会强烈刺激学生的自尊心，学生会暗暗下决心要赶上去，通过交流也能解决一些问题。自主探究能培养学生的主体性、独立性和创造性，探究学习则为学生的终身学习提供了有效的思维方法。探究学习方式为教师进行校本研发提供了思路。创新思维、合作学习则是学生适应未来全球化人才需求的一种保障。

总之，作为当代教师，应该转变教师角色，转变教学方法和转变学生的学习方式，用新理念和新方式迎接新课程带来的挑战。

参考文献

[1] 中华人民共和国教育部．普通高中化学课程标准（实验）［M］．北京：人民教育出版社，2003.
[2] 宋心琦．化学 1（必修）［M］．北京：人民教育出版社，2007.
[3] 郑金洲．教学方法应用指导［M］．上海：华东师范大学出版社，2006.
[4] 钟启泉，裴新宁．化学课程与教学论［M］．杭州：浙江教育出版社，2003.
[5] 马宏佳．化学教学论［M］．南京：南京师范大学出版社，2007.

6. 浅谈化学教学与兴趣激发

【摘要】 兴趣是推动学生探究真知与获得能力的动力源泉，是学生学习化学的主动性和积极性的源泉。激发学生的学习积极性，提高学生学化学兴趣，是化学老师所肩负的重要使命，也是提高化学教学质量的重要前提和关键。因此激发学生的学习兴趣是教学成败的关键，教师应在课堂教学中多想办法激发学生的兴趣。

【关键词】 兴趣；情感；探究

人心理的充分发展常常是与兴趣的广阔相联系的。历史上许多卓越人物具有令人惊讶的渊博知识，就是因为他们具有广泛的兴趣。马克思就是这样的卓越人物。当马克思的女儿请求他说出他所爱好的格言时，他就把古代的一句谚语写了出来："人类的一切东西，对我都不是陌生的。"

兴趣是人的一种特殊认知倾向，是学生主观能动性的重要体现。因此，也就成为激发学生上好化学课、强化素质培养的一种最直接、最活跃的学习内部驱动力。作为一名化学教师，处处从教学需要出发，深掘教材知识精髓、探索学习兴趣爆发点、激发学生学习兴趣，不但能打破死气沉沉的课堂气氛，而且能激活学生创造性思维，充分调动学生学习的趣味性、积极性和自觉性，从而成为化学教学素质教育的一条事半功倍的有效捷径。

一、教材的挖掘

罗曼·罗兰有名言说："要播撒阳光在别人心中，总得自己心中有阳光。"同样，要激起学生的情感，教师就必须首先具有丰富的情感源泉。这个源泉从哪里来？激发学生兴趣，目的是激发学生学习化学的热情。教书不是要贫嘴、说笑话，也不是抖包袱、掉书袋。一切脱离教材，不切实际的调侃，都会有哗众取宠之嫌。与此相反，只有博览群书、深挖教材，不断研究课标与考试说明，具备一桶水、一井水的知识功底，带着深厚的爱生激情，披文入情，把握知识要点，体会感情空间，才能厘清教材思路，融会贯通，选准知识兴趣爆发点，灌满"一杯水"。

二、兴趣的激发

兴趣的激发就是触发知识兴趣的爆发点。学生初学化学，急切期望了解何谓化学、化学有何用、怎样学化学等问题。笔者抓住学生这种强烈的求知心理，第一堂课就作了两个小演示：一个是"玻璃棒点灯"——取少量高锰酸钾晶体放在表面皿（或玻璃片）上，在高锰酸钾上滴 2～3 滴浓硫酸，用玻璃棒蘸取后，去接触酒精灯的灯芯，酒精灯立刻就被点着了；另一个是"喷雾显字"——事先用毛笔蘸酚酞溶液在白纸上写"化学"二字，待干后，用装有稀氢氧化钠溶液的喷雾器向纸上喷雾，在"白纸"上显示这两个鲜红的大字，从而先声夺人激起了学生学习的热情和强烈好奇心。在此基础上，演示镁带的燃烧与白炽灯泡的通电发光等实验，使学生较容易地掌握了物理变化与化学变化的本质区别。在此基础上，还可以补充几个趣味实验，如"净水变蓝""烧不坏的手帕"，重复了卡尔教授所做的"舔指"实验，强调学习化学，应特别注重培养观察能力、善于比较异同、透过表面现象、敢于追根求源的严谨科学态度和勇于献身精神。笔者在教学实践中体会到：巧用"七性"点拨，激发学生兴趣，是行之有效的好办法。

1. 示范性

教师是课堂教学的组织者、领导者和管理者，其人格和威信是一种巨大的潜在精神力量，具有很强的说服、教育能力，是影响学生情感体验，制约课堂心理气氛的重要因素。因此，教师要不断完善自我，形成和发展优良的个性品质。教师的个性品质对学生个性品质的形成和发展的示范与导向作用已被国内外大量研究证实。正如乌申斯基说："只有个性才能作用于个性的形成和发展。"同时，有关研究还表明，教师的个性品质能影响学生智力的发展和学习成绩，因而在教学过程中，教师优良的个性品质，有利于营造和谐、愉快的课堂气氛，能充分调动学生的学习兴趣，激发学生强烈的求知欲，发挥学生的学习潜能。

2. 新奇性

新鲜的教学内容、新奇的仪器实验和新颖的教学方法，甚至教师的服饰、体态和手势都能引起学生的新奇感，增添学生上好化学课的乐趣。

3. 实用性

实用性即学生感到教师传授的化学知识、实验技能、技术和技巧，会对自己今后的学习、工作有用、必要，从而乐意接受或主动学习。

4. 浅易性

教学要深入浅出，无论多么高深的理论，都有一个从易到难的过程。作为教师要着意分解，让学生感到并非深不可测，高不可攀，从而可以循序渐进，完成教学任务。

5. 竞争性

现代中学生竞争意识强，好胜心强烈，作为教师，要从正面激发学生的自尊心、好胜心，增强所学知识的责任感和必胜自信心，从而使其既主动认真，又高兴自豪地去学习化学。

6. 直观性

以前的小黑板、挂图、示范，现在的沙盘、录像和多媒体教学，都能直观明了地揭示、演示教学内容，更加激发学生的学习兴趣。

7. 游戏性

将不同的教材、内容编成各种有趣的小实验、小演示、化学小魔术，既能放松学生身体、心理，又能激发学生的学习兴趣，教师可根据学生年龄、爱好适当操作。

杜威说过："兴趣是生长中的能力的信号和象征。"作为教师，只要吃透教材，把握要点，做教学的有心人，实践就能揭示许多兴趣爆发点。

三、兴趣的发展

化学是一门以实验为基础的科学，化学实验是化学学科最大的特点。实践证明，生动有趣的化学实验是激起学生兴趣的重要因素。一种元素的发现，一个定理的形成，做不做实验，学生兴趣和学习效果截然不同。因此，要发展稳定学生兴趣，教师除做好教材中已有的实验外，还要结合教学内容，补充一些趣味实验。如白磷的水下燃烧，镁带在二氧化碳气体中的点燃，氯酸钾中氯元素的鉴定，酚酞等各种试剂的应用等都会使学生产生兴趣，使抽象概念变得生动直观、增强学习效果。

美国心理学家赫茨伯格的双因素理论研究表明，"激励因素"能令心情舒畅，充分调动人的积极性和主动性。作为教师，要充分了解学生，做好学生的"知音"，才能因材施教，真正做到"知其心，救其失也"。要善于捕捉他们身上的"闪光点"，应对有创新或有不同观点的学生首先给予肯定，对有创新的学生给予高度赞扬，对有进步的学生每次给予鼓励性的评语，尤其要注意多为学习成绩差的学生创造成功的机会，让他们品味、体会成功的滋味，使他们形成"我也能学好"的良好心理状态，让学生体验到自己的价值，让学生去感受成功的喜悦，使学生体验到"跳一跳，摘到桃子"的愉悦。所以，激励是兴趣发展的正催化剂。

四、兴趣的巩固

做氢氧化铜与酸的反应实验，用现成的氢氧化铜粉末，现象并不明显。但若在此基础上，用硫酸铜溶液与氢氧化钠溶液混合，先制取鲜明的蓝色絮状沉淀，再加盐酸溶液，使沉淀溶解又变成蓝色溶液，现象将更为明显。在做 Cl^-、SO_4^{2-} 的检验时，学生往往对滴加稀硝酸的作用不易理解，这时，若补充碳酸盐沉淀生成与溶解对比说明，就能巩固已学知识。学习金属活动性顺序时，补充演示金属钠与水的反应实验和金属钠与硫酸铜水溶液的反应实验，便能增强实验效果。

化学用语的集中出现，能使学生产生畏难情绪。教师为稳定学生学习兴趣，可对常见元素符号提前按周期表中的族分散识记；把金属活动情形顺序表中的十五种元素，分成五组记忆；把1～36号元素及其他主族元素和0族元素，按周期表格式画成一张表，印好发给每个学生，让他们放在口袋里，天天识读，很快便能认全、记熟、会写。

对于不易记忆、容易相混的知识点，可编成韵语口诀或熟语顺口溜，帮助记忆。如把复杂的制氧步骤归纳为"连、检、装、夹、倒、热、收、放、移、熄"十字口诀；氧化还原反应的基本概念归纳为"升失氧，降得还，若说剂，正相反"；化合价口诀和歌曲，药品取用的顺口溜等使学生简单易记，稳定学习兴趣。

另外，每节课教师都要留出时间，让学生大胆质疑，对教师的授课、教材提出自己的见解，丰富第二课堂，布置观察、实验性的作业，介绍著名化学家事迹，成立化学兴趣小组，传授化学魔术小技巧，举办化学知识专题讲座，组织小型化学竞赛等活动都可以在对学生进行热爱科学、献身科学教育的同时稳定、巩固学生的学习情趣。

现代心理学家布鲁纳强调"学习最好的刺激乃是对所学材料的兴趣"。随着人类科学技术的发展，化学已成为自然学科的中心学科，培养激发学生的学习兴趣，创造一个活跃的学习氛围，提高学生学习的主动性、积极性，进而由兴趣变为乐趣，使学习不再成为一种负担，从而提高学习效率，使智力得到发展，是化学素质教育的有效途径。

参考文献

《实用教育心理学》编写组 . 实用教育心理学［M］. 哈尔滨：黑龙江教育出版社，1986.

7. 促进高中化学课堂互动满意度的教学尝试

——以《难溶电解质的溶解平衡》为例

【摘要】化学是一门以实验为基础的自然科学，与人们的生产、生活息息相关，在新课改的背景下，以往以"填鸭式"和"灌输式"为主的教学方式严重影响着课堂教学质量，更不用提课堂互动的满意度了。课堂满意度低，往往教学效率和学习效率也大打折扣，不符合新课程理念指导下的教学特征。本文通过教学实践，提出相应的教学策略，从而改变课堂互动满意度较低的状态。

【关键词】课堂互动；教学策略；方法探究；难溶电解质；溶解平衡

课堂教学的目的是结合学科特色揭示学科知识本质，促进学生积极思考，培养学生学科素养，提高解决生活生产实际问题的能力。在互动模式教学下，高中化学课堂满意度显著提高，可以实现在有限的时间内使学生获得最大的进步和发展。笔者非常重视和关注课堂互动满意度并进行相关研究，以"难溶电解质的溶解平衡"为例，进行 4 次教学实践，并进行深入的思考和研究，针对互动教学模式，寻找与之匹配的教学策略，以期提高课堂互动满意度。

一、课堂互动方式

1. 师生互动

师生互动的基础和前提是教师要有扎实的基本功、丰富的专业知识和设计组织的能力，这样在师生互动过程中，教师才能做到"放得开、收得回"。"难溶电解质的溶解平衡"是人教版选修 4《化学反应原理》的内容，对于化学反应原理的教学，教师应思考概念和原理的形成过程，把握概念和原理的本质特征，理解概念和原理的思想方法，避免在课堂上直接把结论灌输给学生。

在互动过程中，首先，教师要抓住教的时机，激发互动。在学生似懂非懂、极度渴望解决问题的时候抓住时机予以点拨。其次，教师要学习教的艺术，乐于互动。这就要求教师精心设计，创设有效的问题情境，激发学生的学习兴趣。最后，教师要关注教的对象，全体互动。师生间的有效互动是教学相长的过程，可以扩展课堂教与学的深度和广度，活跃课堂气氛。师生间的交流和碰撞，是概念和原理的生成与不断发展的过程，进而提高课堂互动过程中师生双方的满意度。师生互动包括情感互动与认知互动，"亲其师，信其道"揭示了师生互动的基本规律和前提。

2. 生生互动

生生互动使课堂不再是教师的独角戏，体现了以学生为主体的思想，化学生的被动学习为主动学习，尤其是在化学的课堂教学中，学生的参与使知识不再枯燥无味，课堂气氛不再死板、沉闷。在化学课堂中，学生最感兴趣的莫过于小组内设计并动手操作实验，这对学生是一次很好的锻炼机会，当得出预期结论时，学生的自信心和成就感大大增强。在《化学反应原理》的教学过程中，通过设疑和实验促进生生互动，使抽象的概念和原理具体化。在实验过程中，给学生提供资源支持（如文献资料、实验药品、仪器等）和限制条件（如步骤越少越好、现象越明显越好等），使小组合作学习不再浮于形式，在实验探究和分组讨论的过程中，概念和原理逐渐形成和完善，达到了"寓教于玩，寓教于乐"的教学目的。生生互动在化学课堂教学中至关重要，学生的主动学习有利于教学的开展，有利于学习的效果，有利于提高课堂互动满意度。

二、具体教学策略

1. 问题导向策略

教与学的本质都是思维活动，所以有效教学是促进教师和学生思考的过程，而思考需要问题引领。提高课堂互动满意度的关键要素包括优质的课堂问题和匹配的教学策略。好的问题要求教师在教学设计时下功夫，问题要"接地气"且具有针对性，学生知道回答什么和怎么回答。能够支持和帮助学生理解化学反应原理的问题方可称之为有效问题。其导向性更加明确，课堂节奏更加合理，知识掌握更加清晰。教学中到底选择哪些问题和如何发问是学生理解与掌握化学反应原理的关键。在"难溶电解质的溶解平衡"的教学中，笔者对问题设计进行多次思考和改进，促进了学生主动构建"难溶电解质的溶解平衡"，见表1。

表1 "难溶电解质的溶解平衡"教学中的问题设计

教学环节	初稿的问题设计		终稿的问题设计		问题设计更改原因
环节一：感受易溶电解质的溶解平衡	内容背景	请学生在实验台上陈列的试剂中挑选出饱和氯化钠溶液	内容背景	在课前两周，学生自己动手用大粒盐做 NaCl 晶体形状改变的实验	学生在真实的情境中进入教学，使抽象的知识感性化
	问题设计	【Q1-1】你选择的依据是什么？【Q1-2】该试剂瓶体系的组成是什么？	问题设计	【Q11】这个体系的组成是什么？（边展示学生做实验的试剂瓶边提问）	
		【Q2】该体系中 NaCl 固体还能进入溶液吗？		【Q22】该体系中晶体形状的改变是如何实现的？	学生更容易从微观切入回答问题
		【Q3】如何表达氯化钠过饱和溶液的溶解平衡过程？		【Q33】你能用化学用语表达氯化钠过饱和溶液的溶解平衡过程吗？	强化学生的学科素养
		【Q4】通过改变哪些因素可以使该平衡发生移动？		【Q44】如何设计实验证明体系中存在上述平衡？	Q44 对 Q4 是包含关系，回答 Q44 必会思考 Q4 的因素，Q44 的学科特点更鲜明、思维容量更宽广

教学环节	初稿的问题设计		终稿的问题设计	问题设计更改原因
环节二：体会难溶电解质的溶解平衡	内容背景	以 Mg（OH）$_2$ 为例，通过实验设计探究难溶电解质的溶解平衡	内容背景　以 Mg（OH）$_2$ 为例，通过实验设计探究难溶电解质的溶解平衡	
	问题设计	【Q5】请以 Mg-（OH）$_2$ 为例，你能设计实验证明难溶物质也能溶解吗？	问题设计　【Q55－1】难溶电解质是否也像易溶电解质一样存在溶解平衡呢？ 【Q55－2】如何设计实验证明可能溶解在水中了？ 【Q55－3】是否溶液中只要存在 Mg^{2+} 和 OH^-，就一定会沉淀？ 【Q55－4】如果换另一个难溶电解质溶液，如 Fe（OH）$_3$，溶于水后滴加酚酞溶液不变红，能说明 Fe（OH）$_3$ 绝对不溶于水吗？	Q55 的问题串逻辑思维更严谨，更能揭示知识的本质，培养学生的辩证思维能力，相比之下，Q5 的问题过于直接和生硬，从易溶电解质到难溶电解质的过渡显得脱节
		【Q6】如何设计实验证明悬浊液体系存在沉淀溶解平衡？	【Q66－1】如何设计实验证明悬浊液体系存在沉淀溶解平衡？ 【Q66－2】使 c（Mg^{2+}）、c（OH^-）增加相同的倍数，平衡正向移动的程度相同吗？	Q66 的问题串促进学生思考，强化用 Q 与 K 的关系来解决平衡相关问题
		【Q7】你能从平衡移动的角度重新认识 Mg（OH）$_2$ 溶于酸的反应吗？	【Q77】学习了沉淀溶解平衡知识后，你对 Mg（OH）$_2$ 溶于酸的反应有了哪些新的认识？	Q7 和 Q77 问题设计驱动性差别不大，引导学生对反应本质的思考

续表

教学环节	初稿的问题设计		终稿的问题设计		问题设计更改原因
环节三：学以致用	内容背景	应用沉淀溶解平衡知识解决工业锅炉水垢危害问题	内容背景	应用沉淀溶解平衡知识解决工业锅炉水垢危害问题	Q88问题串的设计有利于拓展学生的知识面，增强化学与生活的联系，且使沉淀的生成、沉淀的溶解和沉淀的转化有机地结合在一起
	问题设计	【Q8】由于水中含有 Mg^{2+} 和 Ca^{2+}，长期烧水的锅炉内会形成以 $Mg(OH)_2$ 和 $CaSO_4$ 为主要成分的水垢，请讨论如何除去 $CaSO_4$ 呢？	问题设计	【Q88－1】阅读了硬水的相关资料，请你推测水垢的初期成分是什么？ 【Q88－2】长期循环加热的锅炉，水垢的成分是一成不变的吗？ 【Q88－3】如何预防和消除水垢？	
环节四：总结反思	问题设计	【Q9】学习了沉淀溶解平衡的知识后，你有哪些感受和收获？	问题设计	【Q99】学习了沉淀溶解平衡的知识后，你有哪些感受和收获？	引导学生进行总结和反思，完善认识问题的深度和角度

　　教师在设计问题时需要考虑的要素，不仅应该涵盖人们期望学生回答的关键点，而且应该包含学生的思维方法和过程，这样可以促进学生在较高水平上进行思考和学习。笔者在进行"难溶电解质的溶解平衡"教学设计过程中，关于问题的设计更改了11稿，经过理论和实践的综合考量，确定终稿问题，问题设计更改原因见表1。

2. 实验验证策略

　　化学的学科特色是以实验为基础，实验在化学教学中的作用重要不可替代。在问题导向的前提下，学生小组讨论解决不了的问题可以通过实验进行探究，体现了学生为主体的新课改理念。实验验证的教学策略有助于将抽象枯燥的概念和理论变为生动具体，让学生在体验中认识知识、巩固知识和完善知识，激发学生的学习主动性和参与性，同时培养学生的团队合作能力，提高学生的学科科学素养。笔者在"难溶电解质的溶解平衡"的教学设计中，对实验形式多次进行教学实践，最终设计了一系列有利于促进课堂互动满意度的实验，见表2。

表 2　"难溶电解质的溶解平衡"教学中的实验设计

教学环节	实验内容	实验形式	设计意图
环节一：感受易溶电解质的溶解平衡	NaCl 晶体形状改变的实验	学生分组实验（课前两周完成）	学生通过较长时间对该实验的观察、关注和期待，可以体会、感受 NaCl 晶体形状改变的过程
	NaCl 过饱和溶液溶解平衡影响因素的探究实验	学生分组实验	复习影响平衡移动的因素
环节二：体会难溶电解质的溶解平衡	$Mg(OH)_2$ 的溶解性探究	学生分组实验	培养学生科学严谨的实验态度，理解事物的相对性
	$Mg(OH)_2$ 沉淀溶解平衡影响因素的探究	教师演示实验	饱和 NaOH 的浓度较大，教师的示范可以提高学生在实验中的安全意识
	$Mg(OH)_2$ 沉淀溶解平衡影响因素的探究	学生分组实验	承上启下，理论结合实验，对反应的本质进行再思考
环节三：学以致用	实验室模拟工业除水垢的过程	教师录制实验视频，课上播放	沉淀的转化对于学生来说较难理解，该实验现象不如银盐之间相互转化得明显且耗时较长，但在实际生产生活中有实际意义，所以该实验的录制十分必要

3. 应用激趣策略

笔者认为，一堂好的化学课应解决两个问题：一个是学生学到了什么？另一个是学生学到的知识有什么用？一堂课的重点不在于学生掌握了多少知识，在考试中相关知识点是否会丢分，而在于学生是否会运用本节课所学的思想与方法解决生活和生产中的实际问题，让学生体会化学学科与人们的生活息息相关，学生学习的主动性和积极性就会显著提高。在"难溶电解质的溶解平衡"教学设计中，笔者在应用环节并未选择高考题或模拟题来检验学生的学习情况，而是通过介绍水垢的形成及危害，让学生了解硬水是什么？地表水生产饮用水的过程中为什么要进行软化？水垢若不及时消除会带来哪些危害？学生学习的兴趣显著提高，可见，在教学中使用"应用激趣策略"来提高课堂互动的满意度显得尤为必要。

4. 总结反思策略

化学学科的特点是理论深奥、现象多变、知识复杂，决定了教师在备课时必须进行充分的准备，在教学后及时进行反思，才能逐渐领悟化学的本质。许多高中生并不知道什么是反思，如何反思，因而，在课堂互动的最后阶段教师要组织交流和反思，培养学生通过文字、图表等形式进行小组汇报，逐渐形成良好的反思习惯，发展反思能力。

在"难溶电解质的溶解平衡"教学中，笔者组织学生进行反思，收获颇大。学生从多角度提出了知识之间的联系和拓展：第一，完善了电解质的分类标准——溶解性；第二，重新认识了酸、碱、盐之间的反应；第三，学会了用科学、严谨的方法和态度探究事物的本质；第四，完善并发展了"平衡体系"的相关知识。所以，总结反思是教师完善专业知识和提升专业素养的有效途径，是学生建立知识体系和锻炼思维能力的有效手段。

高中化学课堂要体现"以学生为主体"的教学思路，关键是要提高课堂互动的满意度。以上从几个方面讨论了与促进课堂互动满意度的教学策略，教师在进行教学设计时，综合考虑教学目标、学习目标、学情等客观因素，精心设计，谨慎选择适合提高课堂互动效果的教学策略，最大限度地提高课堂教与学的质量。

参考文献

[1] 代晓丽. 如何提高高校课堂教学质量 [J]. 科技信息，2011（23）：158.

[2] 李晓文，王莹. 教学策略 [M]. 北京：高等教育出版社，2006.

[3] 宋心琦. 化学（选修4）——化学反应原理 [M]. 北京：人民教育出版社，2007.

[4] 葛红艳. 试论高中化学实验教学的有效方法 [J]. 新课程（下），2012（11）：116.

[5] 庞维国. 自主学习——学与教的原理和策略 [M]. 上海：华东师范大学出版社，2003.

[6] 梁宁建，殷芳. 学生的认知风格与教师的教学策略之间关系的研究 [J]. 心理学科，1998（02）：115—117.

8. 对铜与氯化铁溶液反应中灰白色固体成分的实验探究

【摘要】通过对比铜与氯化铁溶液反应的实验条件探究，产生灰白色固体 CuCl 是因为氧化还原得到的。

【关键词】氯化亚铜；二氨合铜（Ⅰ）络离子；离心分离法

在研究氯化铁溶液水解的影响因素的实验中，笔者配置了 1 mol/L 的氯化铁溶液（未加盐酸酸化，pH 值约为 1，pH 计的型号：PHB－1 型便携式 pH 计，上海三信仪表厂生产）。然后在其中加入铜片。发现在实验后的剩余固体中有灰白色固体成分的存在。对于灰白色固体中可能含有的成分，我们有很多的猜想。有可能是二价铁的氢氧化物或一价铜的一些化合物，于是查阅资料并进行实验，对灰白色固体的形成条件及成分进行了深入探究。

一、对固体形成条件的探究

实验1：将过量的 0.2 g 铜片（上海化学试剂厂生产，下同）和 0.2 g 铜粉（上海化学试剂厂生产，下同）分别与 5 mL 1 mol/L $FeCl_3$ 溶液混合，见表1。

表1　实验1

编号①	编号②
5 mL 1 mol/L $FeCl_3$ 0.2 g铜片	5 mL 1 mol/L $FeCl_3$ 0.2 g铜粉
实验现象：充分振荡，氯化铁溶液棕黄色变浅，铜表面有灰白色固体出现	实验现象：充分振荡，氯化铁溶液棕黄色变浅，溶液变绿，铜粉底部有灰白色固体出现

我们怀疑，固体与溶液的接触面积可能会影响反应进行的程度。灰白色固体的产生是由于固体与溶液未能充分接触。通过以上实验①与实验②对比，我们发现灰白色固体的产生与铜的状态无关。那么灰白色固体的产生，是否是由于实验中铜处于过量状态而导致的呢？我们进行了进一步的探究。

实验2：0.1 g 铜粉分别与 5 mL 1 mol/L $FeCl_3$ 溶液混合，见表2。

表2　实验2

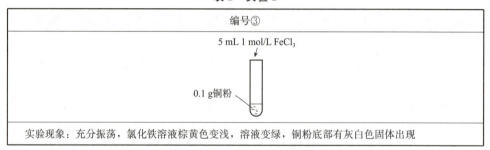

编号③
实验现象：充分振荡，氯化铁溶液棕黄色变浅，溶液变绿，铜粉底部有灰白色固体出现

对比实验②与实验③可以明显发现，灰白色固体的产生与反应中铜粉是否过量也没有关系，灰白色固体的产生是反应进行的必然结果，与体系中存在的物质间的相互反应关系密切。分析发现反应前体系中存在的物质有氯化铁、铜、水和溶解的氧气，灰白色固体的产生是否与空气中氧气的参与有关呢？

我们选择了用煮沸过的蒸馏水配制 1 mol/L $FeCl_3$ 溶液，进行试验。

实验3： 取两支试管，分别取 5 mL 1 mol/L $FeCl_3$ 煮沸过的蒸馏水配制的氯化铁溶液。一支加入 0.2 g 铜粉，用胶塞密封。另一支加入 0.2 g 铜粉敞口放置，见表3。

表3　实验3

编号④	编号⑤
实验现象：充分振荡，氯化铁溶液棕黄色变浅，铜表面有灰白色固体出现	实验现象：充分振荡，氯化铁溶液棕黄色变浅，溶液变绿，铜粉底部有灰白色固体出现
放置 24 小时：剩余固体表面灰白色固体范围扩大； 放置 48 小时：与 24 小时相比，变化不明显； 放置 72 小时：与 48 小时相比，变化不明显	放置 24 小时：剩余固体表面灰白色固体范围扩大； 放置 48 小时：剩余固体表面灰白色固体范围减小，黄色固体增加； 放置 72 小时：剩余固体表面灰白色固体基本消失，黄色固体增加，有大量红棕色固体

通过以上实验，我们发现灰白色固体的产生，与氧气不存在直接关系。并且氧气的存在，可能会使灰白色固体进一步转化为黄色固体。由此我们认为，灰白色固体的产生，应当是铜与氯化铁溶液反应的直接结果。通过查阅资料，我们初步认为灰白色固体极有可能是 CuCl。

氯化亚铜为白色四面体结晶，氯化亚铜不溶于水、硫酸、稀硝酸和醇中，溶于氨水、浓盐酸及碱金属氯化物溶液中，并生成络合物（与强酸缓慢反应，能吸收 CO 而生成复合物）。

铜与 $FeCl_3$ 溶液反应的过程是以氧化还原反应为主的。其分步反应过程如下：

Ⅰ. $FeCl_3 + Cu = FeCl_2 + CuCl$

Ⅱ. $FeCl_3 + CuCl = FeCl_2 + CuCl_2$

铜与氯化铁溶液反应的过程中，大部分 CuCl 只是一种中间产物，但在反应过程中是不可避免产生的。于是设计实验对于灰白色固体中的 CuCl 成分进行了检验。

二、对灰白色固体中 CuCl 的检验

实验 1：固体的分离、提纯

主要仪器：离心机（型号：80－2B，上海菲恰尔分析仪器有限公司生产，下同）。

调节转速：2 000 r/min

时间：2 min。

实验的初始设计如下：

（1）将固液混合物置于离心试管中，调节离心机转速：2 000 r/min，时间：2 min，弃去上层液体。

（2）为了避免溶液中的离子影响固体成分的检验，在离心试管中剩余固体中加入 2～3 mL 的蒸馏水，充分振荡后，置于离心机中，调节离心机转速：2 000 r/min，时间：2 min。取少量上层清液于试管中，加入稀硝酸酸化的硝酸银溶液，发现溶液变浑浊。

（3）重复第（2）步 5 次以后，发现白色浑浊随洗涤次数的增加而减少，但是继续重复洗涤，检验洗涤液中依然存在氯离子。实验陷入了僵局，我们重新查阅资料发现难溶氯化物的 K_{SP}：CuCl 为 1.72×10^{-7}，AgCl 为 1.77×10^{-10}。由于 CuCl 的 K_{SP} 大于 AgCl，CuCl (s) $\Longrightarrow Cu^+ + Cl^-$ 的溶解平衡在加入硝酸银溶液时，平衡向正向移动，产生 AgCl 沉淀，所以多次洗涤后的洗涤液如果不能检验出氯离子时，剩余固体中的 CuCl 几乎已经完全溶解，无法完成后续检验，因此重新设计了洗涤和检验的方案。

实验的改进如下：

（1）将固液混合物置于离心试管中，调节离心机转速：2 000 r/min；时间：2 min，弃去上层液体。

（2）为了避免溶液中的离子影响固体成分的检验，在离心试管的剩余固体中加入 2～3 mL 的蒸馏水，充分振荡后，置于离心机中，调节离心机转速：2 000 r/min；时间：2 min。取少量上层清液于试管中，加入硫氰化钾溶液，发现液体变红。

（3）重复第（2）步 5 次以后，检验洗涤液中是否依然存在 Fe^{3+} 离子。取少量上层清液于试管中，加入硫氰化钾溶液，发现溶液红色随洗涤次数的增加而减少，最终无明显现象产生。

此时认为固体上附着的 Fe^{3+} 离子已经被洗净。那么与之相关的其他离子也可以认为被完全洗净。

实验 2： 固体混合物中铜粉的除去

实验的初始设计如下：

将固体混合物置于离心试管中，加入过量稀硝酸，充分反应后置于离心机中，调节离心机转速：2 000 r/min；时间：2 min。弃去上层液体，如果有白色固体剩余（氯化亚铜为白色四面体结晶，氯化亚铜不溶于水、硫酸、稀硝酸和醇中），则证明有 CuCl。

但是在实验中发现，加入稀硝酸并不能迅速使铜粉溶解，而反应时间过长，CuCl 溶解进而被氧化。

实验改进如下：

（1）将多次洗涤后的固体置于离心试管中，加入少量约为 2 mL 的浓氨水，充分振荡后发现液体迅速变蓝。

（2）将固液混合物置于离心试管中，调节离心机转速：2 000 r/min；时间：2 min。取上层的蓝色溶液向其中加入稀硝酸直至亮蓝色消失，发现溶液中产生大量的白色沉淀。

由于 CuCl 可与氨水发生如下反应：$CuCl + 2NH_3 \cdot H_2O \Longrightarrow [Cu(NH_3)_2]^+ + Cl^- + 2H_2O$，而溶解形成无色溶液。通过实验 1，我们将混合物中的一价铜以络合物的形式提取到溶液中而达到了除杂的目的，虽然有部分 $[Cu(NH_3)_2]^+$ 在空气中被氧化为深蓝色的 $[Cu(NH_3)_4]^{2+}$，但是剩余的 $[Cu(NH_3)_2]^+$ 足已完成后续检验。实验 2 中加入稀硝酸以后，$CuCl + 2NH_3 \cdot H_2O \Longrightarrow [Cu(NH_3)_2]^+ + Cl^- + 2H_2O$ 平衡向逆移动重新产生了白色沉淀，证明了混合物中 CuCl 的存在。

通过以上实验，初步定性地证明了灰白色固体中含有 CuCl。实验结束以后，将生成的 CuCl 及过量的硝酸混合液置于试管中，放置于空气中，发现白色固体。此后，由外向内逐步变蓝，6~8 小时后白色物体完全消失，溶液变蓝，说明 CuCl 在过量的硝酸中置于空气中可以继续被氧化，而转化成二价铜从而溶解在稀硝酸中。这一现象也进一步说明了混合物中 CuCl 是确实存在的。

为了进一步确定白色固体的成分，将实验在北京化工大学重新做了一遍，并且把生成的白色固体用 XPS—X 射线光电子谱仪检测，结果显示含有 CuCl。

参考文献

［1］赵伟．氯化亚铜合成及精制［J］．氯碱工业，1994（04）：32—34.

［2］王津生．氯化铁溶液腐蚀印制电路的试验［J］．航天工艺：1986（4）：21—24.

［3］北京师范大学，华中师范大学，南京师范大学．无机化学上册［M］.4 版．北京：高等教育出版社，2002.

［4］北京师范大学，华中师范大学，南京师范大学．无机化学下册［M］.4 版．北京：高等教育出版社，2003.

9. 绘制概念关系图　提升化学基本概念
——复习中学生参与度的教学实践

【摘要】高三复习时利用绘制概念关系图使学生主动对概念进行辨析，引领学生积极思考。本文以化学键复习为例，通过学生思考—绘制—讨论—辨析—完善几个步骤自主构建概念关系图，有效建立概念间的联系，使概念网络化，提升了学生参与度，这显然是一种有效的学习。

【关键词】概念关系图；基本概念；参与度

一、高三基本概念复习学生参与度不高的原因

高三复习中如何真正提升学生的参与度是每一位高三教师都必须思考的问题。在以往的教学经历中发现，学生认为化学难学的原因之一是化学概念的琐碎且相互关系薄弱，往往很难记住。学生带着这种模糊的基本概念很难将所学知识系统化，也直接影响了对题目的判断。以往的高三基本概念复习中多以教师引领学生回顾为主，而概念的描述也往往出自教师的口中，教师流利的描述和学生磕巴的跟从成了课堂常态，这样的复习往往是枯燥的，没有任何活力和生长点，由于学生参与度不高，很难留下深刻的印象，基本概念复习就成了摆设。如何提高学生在基本概念复习时的参与度并且能够使学生真正理解众多的概念并进行联系呢？在基本概念复习中，笔者尝试用引导学生绘制概念关系图的方式进行。

二、绘制概念关系图是提升学生在基本概念复习中参与度的有效方法

概念关系图可以使相关概念脉络外显并且与学习者内隐的知识之间建立一种有效的联系，具有将概念网络化、具体化、可视化的优点。复习过程中围绕着关键概念，学生自主建构起网络结构，以一个关键概念为抓手，由学生寻找与之相关的其他概念，并尽可能地把这些有关系的概念进行横纵联系，这种方式建立在学生积极主动思考、合作学习的基础上，在寻找概念之间的关系的过程中，学生在脑中不仅会对概念个体有深刻的认识，而且建立一个渐渐清晰的概念关系图，有助于学生对复习内容进行记忆、理解和迁移，提高学习效果，真正使学生成为复习的主体。

三、以化学键概念的复习微粒进行教学实践

1. 设计驱动性问题，引导学生初步绘制概念关系图

首先抛出引导问题：请写出由 H、N、Cl 所形成的既有离子键又有共价键的化合物。结果发现，学生很难完整清晰地复述出这两个基本概念，也更谈不上对概念的理解，于是笔者利用电子式对这两个概念进行辨析，在概念辨析的过程中强化作

用的微粒和作用的实质。这样设计的意图是希望学生在认识概念的时候关注其中的关键词，因为这些关键词是概念的焦点，更是概念之间联系的纽带。

在明确了这样两个主要概念之后，继续提出问题：请尽可能地找出与离子键、共价键相关的其他概念，并绘制出它们的相互关系图。这样，设计的意图是引导学生主动思考，寻找概念之间的相关性，此时，他们对概念的理解会上升一个层次。

开始时，学生感到无从下手，这时笔者引导学生进行小组讨论，提出小组意见。学生在不断的头脑风暴中渐渐有了思路，并找到与之相关的概念：化学键、极性共价键和非极性共价键。此时适时追问：你为什么想到它？这些概念之间存在什么样的联系？这样的追问迫使学生对头脑中存在模糊的、似是而非的概念进行深度的辨析，也就是必须从本质上对概念进行认识，找到它们之间的逻辑关系。然后用语言和图示两种方式进行表达和外显。图1所示为学生第一次绘制的结果。

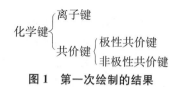

图 1　第一次绘制的结果

2. 引导学生发散思维，讨论辨析概念，形成个性化概念关系图

图1所绘图示很简单，可见学生头脑中并没有真正把概念形成网络。继续引导：还有哪些概念与它们相关？随着学生的思考和讨论，又引出离子化合物、共价化合物，发现这两个概念就是由化学键界定的。此时学生的思路渐渐打开，思维越来越发散，又继续找到了断裂—摩尔化学键所需的能量——键能，还有的学生提到了化学反应的反应热就是与键能有关的概念。

每当学生提出一个新的相关概念时，都要追问想到这个概念的原因，用这样的问题深化学生对概念本质的认识。

能不能继续完善这个概念图呢？继续引导：化学键就是最上位的概念吗？学生仔细揣摩了这几个概念之后，很快发现了分子间作用力，那么它与化学键之间的关系应该是什么样的呢？应该如何在关系图中体现呢？这样的问题引发了学生的热烈讨论。学生对比了这两个概念后认同分子间作用力与化学键同属于微粒间的相互作用。这个结论的得出让学生很兴奋，马上就有学生提到如果是微粒间相互作用，还有一个概念——氢键，学生又陷入氢键与化学键、分子间作用力的相互关系的讨论中，讨论已经延伸到这三种作用是如何形成物质及它们的实际应用了，这样的讨论虽然是由笔者引起，但是沿着学生的思路进行发散，在不断的思维迁移过程中，不知不觉联系了许多相关知识，往往问题由一个学生主动提出，会由其他学生进行解答。遇到学生共同的疑问，笔者会组织学生思考，最终解决问题。学生在充分讨论的基础上绘制出自己的作品——个性化的概念关系图（图2）。

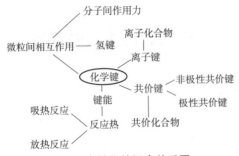

图 2 个性化的概念关系图

3. 交流分享，完善概念关系图

由于学生的绘制思路、方法和相关概念不尽相同，于是笔者当堂展示学生绘制的各不相同的概念关系图，学生通过这些个性化的概念关系图对化学键部分概念之间的逻辑关系认识上升到一个新的境界。课上，每个学生都在积极思考，在不断完善自己的关系图的同时也在关注其他同学的意见，有交流，有争论，不断有新的想法碰撞出来，整个课堂一直处于非常活跃的状态。

在后续其他基本概念的复习过程中，笔者仍然延续这种复习方式。随着复习的深入，学生的思维角度越来越开阔，思考问题的方式也趋向于有序，参与度越来越高。学生发现绘制不同部分概念关系图时会有一些概念多次出现，而这些多次出现的概念恰好是化学的核心概念。学生在一次次与概念的相遇的过程中站在不同的视角对这些核心概念有了多维度理解。

可见，以往学生对所学化学基本概念的理解和运用能力弱，正是因为学生头脑中的基本概念没有条理，概念点之间缺乏内在联系，没有呈现出层次和网络。建构主义认为，学生学习知识不是通过教师教授，而是学习者在一定的情境下，借助其他人的帮助，利用必要的学习资料，通过意义建构的方式获得。高三复习时引导学生绘制概念关系图的复习策略能激发学生对知识的回忆，引领学生积极思维，有效建立知识间的联系，学生绘制概念图的过程就是把学生放入一个真实的情境中，让学生建立自身的知识结构并解决实际问题，通过构建概念图使知识网络化，大大提升了学生的参与度，也提高了复习效果，这显然是一种有效的学习。

参考文献

[1] 黄秀娟. "构建化学概念图"的高三化学复习策略的实践研究 [D]. 东北师范大学, 2009.

[2] 季慧, 钱勇. 巧用典例建构化学基本观念——以高三复习课"离子反应"为例 [J]. 中学化学教学参考, 2013 (09): 26-28.

[3] 陈稳. 概念图策略在高中有机化学教学中的应用研究 [D]. 华东师范大学, 2007.

[4] 曹玉民. 概念图——化学学习的有效工具 [J]. 河北师范大学学报（教育科学版）, 2001 (02): 121-123.

10. 对教师成长的感悟

一、促进教师成长的重要途径——读书

高尔基说过:"书是人类进步的阶梯。"生活中没有书籍,就如同大地没有阳光;智慧中没有书籍,就如同鸟儿没有翅膀。在书的海洋里,笔者如鱼得水,尽情遨游。

教学是一门艺术,教师的文化底蕴直接关系教学的深度、广度,是滋养课堂教学的根基。教师的专业文化知识越广博,越有助于广大教师的知识面和视野的开阔,越有助于专业素养的提高。两者之间的关系有如树与土壤,土壤越肥沃,叶越茂盛。文化底蕴包括专业文化、逻辑思维、审美品位、胸怀等。贫瘠的土壤很难结出繁茂的果实,一位教师如果只读教材和教学参考书,只关注考试和标准答案,就很难培养出好学生。因此,教师应自觉地提升自身文化素养,多读书,读好书。当前,由于教师工作繁忙,教学压力大,教师的学习和阅读面临困境,学习多数是为了考试、学历、职称等;这样的读书是急功近利式的读书,因此,为了自身的发展,我们要摒弃这种学习方式,要像永不干硬的海绵一样不断地吸收和摄取知识的营养。

二、提升教师理论修养的途径——培训

一位优秀教师,要适应时代的发展,就得不断更新教育、教学理念,不断地充实和完善自我,构建和更新知识。教师职业本身的复杂多变性要求教师不断地学习以提高其专业水准,一次性的教育已经难以满足这种要求,教师教育必须走向终身教育,那就是各级各类的培训。

培训包括:校内的每周业务学习国内外报纸、杂志上刊登的教育教学改革的理论,区里的每周汇报型的提高课,市里的教育专家或名师讲座等。通过理论学习,养成理论学习和实践反思习惯,不断提高研究和解决教学实际问题的能力,提高校本课程开发和建设能力,把日常教学工作与教学研究、教师的专业成长融为一体,这样不仅使培训的教师自身教育教学水平提高,还使教师开阔了眼界。如果能营造一个良好的教育氛围,广大教师就能自觉地参与培训,把理论学习内化为自觉行动,就能促进成长。

三、推动教师专业发展的途径——科研

朱熹诗曰:"半亩方塘一鉴开,天光云影共徘徊。问渠哪得清如许,为有源头活水来。"教育科研就是推进教师在专业上不断发展与成熟的"源头活水",推动教师摆脱"拼体力换质量"和"时间加汗水"的核心武器。苏霍姆林斯基说过:"如果你想让教师的劳动能够给教师带来乐趣,使每天上课不至于变成一种单调乏味的义务,那你就应当引导每一位教师走上从事研究的这条幸福的道路上。"

研究是一种系统的、持续的、计划的、自我批判的探索。教师的科研具有与一般科学研究不同的特殊性，教师的科研与教育教学工作密不可分、合二为一，是以提高教育教学的有效性为目的进行研究的。教师在研究中，把教育上的每个难题都当作科研课题对待。教师在研究中，学会在行动中研究，学会用案例研究。同时，在研究中学会反思、评价。因此，通过科学研究能推动教师的专业发展。

四、有效带动教师成长的内驱力——随笔

撰写教育随笔，记录个人成长的所感所想，随着时间的推移和经验的积累，重温旧事，回想教育成效，教师常常会品尝理性的感受，对自己有更全面的认识，这有利于教师提高修养和教育教学水平。

教育随笔是撰写科研论文的基石。对于撰写教育教学论文，大多数教师感到无处下笔，无从下手。教育科研论文来源于生活和实际教学。每一篇教学日记都是一颗明亮的珍珠，把一串明亮的珍珠连起来就是一个漂亮的项链。把许多日记归纳起来，就成了一篇有价值的科研论文。没有实际经验感悟，教育科研论文就会成为无水之源，夸夸其谈，无实际意义。

教师随笔可以是教学中的心理健康教育方面，也可以是德育方面；可以是课堂教学画龙点睛的精彩一笔，也可以是教育教学沉痛的反悔；可以是班主任组织工作的领悟，也可以是任课教师某一方面败笔的思考；可以写家庭教育，也可以写学校的见闻。

在实施素质教育的今天，社会、学校、家庭迫切需要高素质教师，教育随笔对教师素质提高显得尤为重要。因此，教育随笔是教师成长的内驱力。

总之，教师的成长离不开学校有效的管理制度的规范，离不开教研组和备课组平台的合作交流，离不开课堂教学的探索，更离不开自身的努力，只有上述四个条件和谐统一，才能有效地促进教师的成长。

11. Fe^{2+} 与 Fe^{3+} 相互转化的实验探究

【摘要】 实验是化学学科特色，也是培养高中生化学核心素养的载体。新课程改革背景下，促进教师对课堂教学方式进行深入思考和变革，学生核心素养的发展不是一蹴而就的，要培养学生可持续发展的分析和解决问题的能力。本文尝试在高一化学课堂落实实验探究，在此基础上，培养学生的问题意识、证据意识、自主设计实验和探究学习等方面的能力。

【关键词】 实验探究；学科核心素养；课程改革；Fe^{2+} 与 Fe^{3+} 相互转化

一、课题产生的背景

背景来源于人教版教材《化学 1（必修）》第 61 页的"科学探究"，内容如下：在盛有 2 mL $FeCl_3$ 溶液的试管中，加入少量铁粉，振荡试管。充分反应后，滴入几滴 KSCN 溶液，观察并记录实验现象。把上层清液倒入另一试管中，再加入几滴氯水，又发生了什么变化？

笔者关注到该科学探究中对试剂浓度和用量的描述比较模糊，有助于学生体会化学试剂的浓度和用量对实验结果的重要影响，感受化学实验的奥妙，激发学生的学习兴趣和探究精神。同时，选取不同浓度和用量的试剂进行实验时，产生的异常现象也是高中生进行科学实验探究的素材。因此，笔者依据新课程标准对化学核心素养的要求，在高一阶段以"Fe^{2+} 与 Fe^{3+} 的转化"为主线设计了实验探究课。

二、探究情境的创建

笔者及同组教师在备课过程中，依据上述人教版教材《化学 1（必修）》第 61 页的"科学探究"步骤进行实验。选用实验室的现有试剂（浓度标签模糊）进行定性实验过程中，因教师选用试剂的浓度未知，用量未精确测量，结果在步骤③中教师A、B、C 的实验现象不同，具体内容见表 1。

表 1　教师备课定性实验内容

实验步骤		①在盛有 2 mL $FeCl_3$ 溶液的试管中，加入少量铁粉	②充分反应后，滴入几滴 KSCN 溶液	③把上层清液倒入另一试管中，再加入几滴氯水
实验现象	教师 A	溶液由棕黄色变为浅绿色	无明显现象	溶液变为红色
	教师 B			溶液变为红色，而后红色褪去
	教师 C			溶液变为棕黄色，未见红色
注：所用药品均来自上海化学试剂厂。				

基于教师备课过程中的异常现象，意图将该"科学探究"设计成定量的学生探究实验，考虑到学生常用的试管规格（15 mm×150 mm，容积为 20 mL），所以，确定实验试剂的浓度与用量做了如下工作。

1. 氯水浓度的确定

常温常压（25 ℃和 101 kPa）下，气体摩尔体积约为 24.5 mol/L，1 体积水大约可溶解 2 体积氯气，饱和氯水中强氧化性微粒（以 Cl_2 和 $HClO$ 计算）的总浓度约为 0.082 mol/L，此浓度并不大，由于氯水在表 1 教师 B 和教师 C 的实验中，要承担氧化 Fe^{2+} 和 SCN^- 两个任务，因此选取饱和氯水。

2. $FeCl_3$ 浓度和用量的确定

考虑到实验过程中，溶液颜色的变化要明显可见，所以，$FeCl_3$ 溶液的浓度和用量既不能太大，又不能太小。以浓度为例，说明选取过程：如果 $FeCl_3$ 溶液的浓度过大，通过反应 $2Fe^{3+}+Fe=3Fe^{2+}$ 产生更多的 Fe^{2+}，表 1 教师 B 和教师 C 的实验中饱和氯水要氧化 Fe^{2+} 和 SCN^-，则需超过试管容积的饱和氯水才能使溶液先变红后褪色；若 $FeCl_3$ 溶液的浓度过小，则实验步骤①中的颜色变化不明显，不便于观察现象。综合考虑，选取 $FeCl_3$ 溶液的浓度为 0.1 mol/L、用量为 1 mL。

3. KSCN 的浓度和用量及氯水用量的确定

KSCN 溶液与饱和氯水反应现象随二者浓度和用量的不同而变化，以该反应 $2SCN^-+11Cl_2+12H_2O=2SO_4^{2-}+2CO_2+N_2+22Cl^-+24H^+$ 为例，通过观察反应物的物质的量之比可知，欲设计出表 1 教师 B 的实验现象，KSCN 溶液的浓度和用量不宜过大，否则步骤①中的颜色变化受氯水体积增大的影响很大。主要通过正交实验法确定 KSCN 的浓度和用量及饱和氯水的用量，详见表 2。

表 2　正交实验法确定试剂浓度与用量

（1）1 滴 KSCN 溶液 （浓度变量 mol/L）	（2）饱和氯水 （用量变量 mL）	（3）1 滴 0.1 mol/L $FeCl_3$ 溶液 （观察现象）
0.005	1	不红
0.01	1	不红
0.1	1	红
1	1	红
3	1	红
0.01	2	不红
0.1	2	不红
1	2	红
3	2	红
0.01	3	不红
0.1	3	不红
1	3	红
3	3	红
注：（1）、（2）、（3）为试剂的加入顺序。		

由表 2 选取 KSCN 溶液的浓度分别为 0.01 mol/L、0.1 mol/L、1 mol/L，用量均为 1 滴；饱和氯水的用量为 2 mL。

4. 取实验步骤③中上层清液的细节

从 $FeCl_3$ 溶液与铁粉反应后的混合溶液中取上层清液，由于配制 $FeCl_3$ 溶液过程中需加入稀盐酸抑制 Fe^{3+} 的水解，因此向 $FeCl_3$ 溶液中加入铁粉后，铁粉与稀盐酸反应，产生氢气，使溶液处于浑浊状态，经较长时间的静置后，仍很难取到清液。笔者用两种方法取上层清液：

方法（1）：对实验步骤①的试管进行离心处理。

通过正交实验的方法，确定实验步骤①试管中的样品经过 1 900 r/min 的转速、离心 3 min 可获得清液（离心机型号：80－2B，上海菲恰尔分析仪器有限公司生产），此方法的弊端是铁粉与稀盐酸反应产生了 Fe^{2+}，会消耗更多的饱和氯水，且在课堂教学过程中耗时，降低实验效率，因此笔者又进行了方法（2）的尝试。

方法（2）：配制 $FeCl_3$ 溶液时不酸化。

不酸化的 $FeCl_3$ 溶液经"丁达尔现象"验证是胶体，但实验步骤①中的反应 $2Fe^{3+}+Fe=3Fe^{2+}$ 消耗 Fe^{3+}，同样可以达到抑制 Fe^{3+} 水解的目的。由于没有氢气的产生，铁粉经短时间的静置即可沉于试管底部，便于上层清液的取用。因此，本实验课堂教学实施过程中选用的是不酸化的 $FeCl_3$ 溶液。

经过多次探索和尝试，定量地设计出了学生实验方案，通过 KSCN 溶液浓度的变量控制，意图在三组平行对比实验中让学生自主发现实验中的异常现象，水到渠成地产生探究情境。选取的最终实验方案见表 3。

表 3　学生定量实验方案

实验编号	实验及试剂			n	试管 1 现象	试管 2 现象	试管 3 现象
1	向 1 mL 0.1 mol·L⁻¹ FeCl₃ 溶液中加入少量铁粉　取上层清液　试管1　试管2　试管3　1滴 n mol/L KSCN溶液　逐滴滴加 2 mL 饱和氯水			1	溶液由棕黄色变为浅绿色	无明显现象	溶液变为红色
2				0.1			溶液变为红色，而后红色褪去
3				0.01			溶液变为棕黄色，未见红色

三、探究过程

学生完成表 3 中的三组平行实验，探究试剂的浓度和用量不同对实验现象的影响，对于实验编号 1 中溶液变红，学生能够依据氧化还原来解释，即因为氯水将 Fe^{2+} 氧化为 Fe^{3+}，Fe^{3+} 与 SCN^- 结合为 $Fe(SCN)_3$ 使溶液呈血红色。对于实验编号 2 和实验编号 3，学生产生疑惑。首先聚焦实验编号 2，探究试管 3 中溶液先变红后褪色的原因，建立实验探究的一般程序，详见表 4。

表4 溶液先变红后褪色的探究过程

探究程序	具体内容	实验线索
提出问题	【问题①】与预期现象一致吗？ 【问题②】实验编号2中溶液褪色的原因是什么？	【实验①】表3中的三组平行实验
建立假设	假设1：溶液褪色的原因是 Fe^{3+} 被转化 假设2：溶液褪色的原因是 SCN^- 被转化	【实验②】取两份褪色后的溶液，分别滴加 0.1 mol/L 的 $FeCl_3$ 溶液和 KSCN 溶液各1滴，发现滴加 KSCN 溶液后，褪色后的溶液立刻恢复红色，而滴加 $FeCl_3$ 溶液后的褪色溶液并未恢复红色
制定方案	分别向褪色后的溶液滴加 $FeCl_3$ 溶液和 KSCN 溶液	
收集证据	观察溶液红色是否恢复	
得出结论	溶液褪色的原因是 SCN^- 被转化	

经过上述探究过程，初步得出结论，实验编号2中溶液褪色的原因是 SCN^- 被转化。笔者依据 SCN^- 被转化的产物及实验的细节设计了一系列针对上述探究过程的拓展实验，详见表5。

表5 拓展实验

问题线索	实验线索	设计意图
【问题③】SCN^- 被转化的产物是什么？	【实验③】向褪色后的溶液中加入 $BaCl_2$ 溶液，溶液变浑浊	从化合价角度出发，检验 SCN^- 可能被转化成 SO_4^{2-}
【问题④】如何证明定 SCN^- 确实被转化 SO_4^{2-} 了？	【实验④】取1滴 0.1 mol/L KSCN 溶液于试管中，滴加 2 mL 饱和氯水，再加入 3～5滴盐酸酸化的氯化钡溶液	消除混合体系中 Fe^{3+} 等的颜色干扰，体会空白实验的重要意义
【问题⑤】如何消除氯水体积增加的稀释作用对溶液"褪色"的干扰？	【实验⑤】取两份等体积的红色溶液，其中一份滴加饱和氯水至溶液褪色，另一份中加入等量的水。观察两份溶液的颜色	感受对比实验的魅力，强化科学严谨的探究精神

经过上述探究过程，学生理解了实验编号1和实验编号2的现象，对于实验编号3中"未见红"的现象，也能顺利给出解释：因为 KSCN 的浓度太小，2 mL 饱和氯水快速把 Fe^{2+} 和 SCN^- 全部氧化了。

四、总结反思

化学实验探究过程本身就是培养学生核心素养的过程，教学过程以实验探究推进课堂，在提出问题、解决问题、产生新问题、解决新问题的循环推进下完成重点内容的学习，不断强化学生的实验探究能力和证据意识。学生在实验中验证、提炼规律，又用规律来指导下一步的实验探究，通过 Fe^{2+} 和 Fe^{3+} 之间的相互转化规律的探究，进一步认识氧化还原反应的本质，将化学实验、基本理论、元素化合物有机地融合在一起。

参考文献

［1］王宝斌. 发展学生化学核心素养的三大策略［J］. 中学化学教学参考，2016（17）：10—12.

［2］张力. 推动普通高中多样化发展的政策要点［J］. 人民教育，2011（01）：3—7.

12. 情境教学法在高中化学教学中的运用策略探析

【摘要】高中化学知识较为抽象、复杂，具有微观性和抽象性等特点，学生学习起来有一定难度。采用情境教学，有助于提高学生对化学学科的兴趣，培养学生独立思考及学习的能力，教师在教学中以学生为主体，注重因材施教，根据每个学生的特征，促进学生个性化发展。本文主要对情境教学法在高中化学教学中的具体运用策略进行探讨。

【关键词】高中化学；情境教学；学习能力；运用策略

受传统教学方法和教学思维的束缚，高中化学教学改革过程中遇到一些阻碍。课堂教学方法死板，教师缺乏激情和创新意识，与学生互动较少，从而导致课堂教学效率低下。利用情境教学法能使化学课堂充满活泼的气息，使化学知识贴近生活。因此，化学教师要结合学生的生活经验，创设生动有趣的情境，活跃课堂氛围，激发学生学习化学的兴趣。

一、创设教学问题情境，启迪学生思维

众所周知，高中化学教材中涉及很多化学知识点，具备极强的理论性，对于学生来说是非常抽象且复杂的，因此很容易让化学基础较差的学生感到化学学习是枯燥、乏味的，经常将一些不好理解与记忆的知识混淆在一起。此时，教师就可尝试基于问题教学情景的创设，来激发学生求知欲，使其自主参与到探索学习中，从而展开高效学习。这样，既可以凸显教师的课堂主导作用，又不会剥夺学生的课堂主体地位。因此，高中化学教师可在课堂上围绕常见的实验现象来为学生创设有效的问题情境，因为实验是学习化学的先驱，也是其灵魂，其在高中教材中占有很大比重。然而，受实验水平与条件等多种因素的影响，很多高中化学实验都离不开教师亲自演示与讲述，如何才能使学生深刻认识与掌握相关实验成为引起广大教师深思的问题。正所谓"学而不思则罔，思而不学则殆"。学和思的关系在此得到充分说明，而有了问题才能开展思维活动。

二、创设实验情境，培养学生思考能力

实践出真知，理论来源于实践。化学是一门以实验为基础的学科，在教学过程中，教师要紧紧围绕教学内容和目标，重视实验情境的创设，为学生提供良好的实验场地和动手机会，在条件允许的情况下开展实验教学，让学生用实验验证课本里的定理。学生通过观察实验现象，分析实验数据，得出实验结论，能更好地掌握课本知识。例如，教师可以引导学生利用水、电池、试管、导线等实验材料，进行电解水的实验。这是一个制取氢气和氧气的实验，通过将水电解成氢气和氧气，让学生明白水分子的组成结构。接着，教师可以提出一个拓展性的问题，让学生思考，

例如，"如果我们在一个星球上能够找到水，我们是不是可以在这个星球上生存呢？"这不仅能加深学生对课本知识的深入了解，还有利于培养学生的思考能力。

三、创设生活现象情境，提升学习效率

化学学科是一门基于实验的自然学科，其所具备的显著特征就是可以与现实生活中的诸多物质合理地整合在一起。出于更好实现化学教育理念的目的，新课改中对其做出相关指示，规定应从学生当前的生活与学习经验出发，将教材内容和实际生活密切联系。新课改实施后，生活化情境素材得以活跃地出现在课本各单元中，充分说明新课改极其看重情境教学法的应用地位。更何况化学和生活息息相关，很多理论知识都是从生活现象中总结得出的，假若对相关的理论知识进行深挖，将更有利于学生轻松理解和高效学习。

四、创设探究情境，启发学生思维

在高中化学课堂中创设探究情境，不仅有助于提高学生对于化学学科的思维能力，还能巩固课堂所学知识，加深记忆，最终培养学生的创新能力和自我归纳总结能力。教师在课堂中利用创设问题情境来教学，可以启发学生思维，提升化学综合能力，学生可以在问题情境中发现自己的记忆薄弱点，总结自己的学习能力和进度，独立思考后回答教师所提出的问题，对于自己尚不清楚或者模糊的知识点，及时向教师表达疑问，这一过程不仅是学生对化学知识的归纳和总结，对之前所学知识的回忆和重现，也是自主思考、主动记忆的第一步。教师提出问题，引导学生思考问题，帮助学生设计实验，指导学生分析实验结果，填写实验报告，完成单一化学课题的探究，可以帮助学生对化学知识提出自己的思考，启发学生思维，做到学以致用，理解和掌握所学内容，逐渐形成化学思维，对未来化学学习的实践也具有重要的意义。

综上所述，在教学中，教师应当将学生放至主体位置，以学生的需求为主要考虑点，注重培养学生的学习能力，为学生的长期良性发展打下良好的基础。高中化学知识与实际生活联系较为紧密，这也使教师在课堂中应用情境教学法更有意义。虽然在我国情境教学法起步较晚，不成体系，但每个高中教师都应该积极探索情境教学法在实际教学中的应用，提高课堂教学的有效性，使学生全面发展。

参考文献

[1] 余成凤. 情境教学法在高中化学课堂教学中的应用研究 [J]. 文存阅刊，2020（10）：124.

[2] 李莉. 情境教学法在高中化学教学中的应用研究 [J]. 黑河教育，2019（06）：36—37.

[3] 维春兰. 情境教学法在高中化学教学中的应用分析 [J]. 新教育时代电子杂志（教师版），2020（07）：116.

13. KIO₃ 溶液与 Na₂SO₃ 溶液反应的实验探究

【摘要】 通过对 Na_2SO_3 溶液和 KIO_3 溶液反应的原电池实验的深入分析探究，构建复杂体系中反应相互竞争的理论认识角度，从热力学和动力学角度两方面解释实验现象，在探究化学反应机理中体验预测论证、实验设计、验证分析等研究行为，感悟从宏观辨识到微观探析的高阶思维。

【关键词】 碘酸钾；亚硫酸钠；宏观微观；反应机理

一、问题的提出

用酸性碘酸钾溶液滴定含淀粉的亚硫酸钠溶液时，开始无明显现象，在滴定过程中发现溶液局部变蓝，振荡后蓝色消失，继续滴加酸性碘酸钾溶液直至溶液变蓝，且两三分钟内不褪色，证明亚硫酸根发生反应完全。对于反应过程中溶液变蓝振荡后又褪色这一现象，课题组展开了以下讨论、分析。

[观点 1] 认为反应过程中先发生如下反应①：

$$5SO_3^{2-} + 2IO_3^- + 2H^+ = 5SO_4^{2-} + I_2 + H_2O \qquad ①$$

其中生成碘单质，碘单质与亚硫酸根离子发生反应②：

$$I_2 + SO_3^{2-} + H_2O = 2I^- + SO_4^{2-} + 2H^+ \qquad ②$$

反应②的发生使得淀粉变蓝色，由于滴定过程中溶液中亚硫酸钠过量，碘单质与亚硫酸根离子反应，所以振荡后蓝色有消失，当溶液中亚硫酸钠浓度显著降低后，最终淀粉变蓝后不再褪色。

[观点 2] 认为碘酸钾和亚硫酸钠溶液直接发生反应③：

$$SO_3^{2-} + IO_3^- = I^- + 3SO_4^{2-} \qquad ③$$

由于滴定过程中，局部过量的碘酸根离子与生成的碘离子在酸性条件发生反应④：

$$IO_3^- + 5I^- + 6H^+ = 3I_2 + 3H_2O \qquad ④$$

上述反应④的发生得到碘单质使溶液变蓝色，同时得到的碘单质与亚硫酸根离子发生反应②，因此振荡后蓝色有消失，而溶液最终变蓝是因为过量的碘酸根离子与生成的碘离子在酸性条件发生反应④导致。

那么，究竟哪种认识更为合理呢？课题组设计系列实验加以探讨。

二、对宏观实验现象的探究

[实验 Ⅰ] 在试管中取 3.0 mL 0.01 mol/L KIO₃ 溶液，用 0.5 mL 0.1 mol/L 稀 H_2SO_4 酸化并充分振荡，在另外一支试管中取 3.0 mL 0.01 mol/L Na₂SO₃ 溶液，加入 2~3 滴淀粉溶液，充分振荡。将含淀粉的 Na₂SO₃ 溶液直接倒入过量的 KIO₃ 酸性溶液中。混合后的前几秒内（约 5 s），溶液并没有明显变化，随后有少量蓝色出现，而后溶液迅速变蓝。

实验Ⅰ中，Na₂SO₃ 溶液与过量的 KIO₃ 酸性溶液混合，溶液并没变蓝，是因为

$5SO_3^{2-}+2IO_3^-+2H^+=5SO_4^{2-}+I_2+H_2O$ 反应速率太慢，还是因为初始阶段只发生了反应 $3SO_3^{2-}+IO_3^-=I^-+3SO_4^{2-}$ ，为此课题组设计实验Ⅱ。

[**实验Ⅱ**] 将实验Ⅰ所得溶液分成两份，取其中一份（编号①）迅速加入少量的（1.0 mL 0.01 mol/L）Na_2SO_3 溶液，另一份（编号②）迅速加入过量的 0.01 mol/L Na_2SO_3 溶液。观察到①试管中蓝色先迅速褪去，然后马上又变蓝，而②试管中蓝色迅速褪去。

实验Ⅱ说明碘单质与过量的 0.01 mol/L Na_2SO_3 溶液反应很快，蓝色能迅速褪去，说明 I_2 与 SO_3^{2-} 反应速率大。①试管中溶液蓝色先迅速褪去，然后马上又变蓝，显然是首先发生了 $I_2+SO_3^{2-}+H_2O=2I^-+SO_4^{2-}+2H^+$ ，同时 Na_2SO_3 溶液量不足，溶液中剩余的碘酸根离子发生 $IO_3^-+5I^-+6H^+=3I_2+3H_2O$ 而重新得到 I_2 所致。

分析发现——实验最终变蓝均是因为发生反应 $IO_3^-+5I^-+6H^+=3I_2+3H_2O$ 生成了碘单质。若溶液变蓝，必须保证碘酸根离子是过量状态。

那么，在反应的初始过程中，碘酸根究竟是先转化成了碘离子还是碘单质呢？查阅相关标准电极电势，计算下列反应的电动势如下：

$$IO_3^-+6e^-+6H^+=I^-+3H_2O \qquad E^{\theta}(IO_3^-/I^-)=1.085\text{ V}$$

$$2IO_3^-+10e^-+12H^+=I_2+6H_2O \qquad E^{\theta}(IO_3^-/I_2)=1.195\text{ V}$$

从上述 2 个反应的电动势上看，其反应程度都很大，也就是说，从热力学上看，上述反应都能进行到底，也就是说，实验Ⅱ出现的现象并非热力学驱动的结果，而是动力学驱动的结果，因此，课题组提出下列 2 个反应的微观过程可能路径：

[**路径1**] $\quad IO_3^- \xrightarrow[\text{慢}]{SO_3^{2-}} I^- \xrightarrow[\text{快}]{IO_3^-} I_2$

[**路径2**] $\quad IO_3^- \xrightarrow[\text{慢}]{SO_3^{2-}} I_2 \xrightarrow[\text{快}]{SO_3^{2-}} I^- \xrightarrow[\text{快}]{IO_3^-} I_2$

以上两种转化路径均具备合理性，如何能够准确地判断该反应过程中 IO_3^- 的直接还原产物呢？通过反复研究，经过课题组反复讨论，认为用双液电池来对此过程进行探究是可行的，因此，双液电池的优点是可以将两种反应物分在两个区域内进行，可以避免反应物之间的直接反应，并且可以通过检验正极产物探究过量 KIO_3 酸性溶液和 Na_2SO_3 溶液反应过程中，到底是碘酸根离子先转化成碘离子还是先转化为碘单质，为此，设计实验Ⅲ，如图 1 所示。

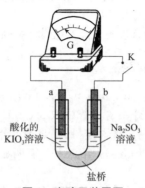

图 1　实验Ⅲ装置图

三、对微观过程的探究

[**实验Ⅲ**] 向正极区（a 极）加入 80.0 mL 0.01 mol/L KIO$_3$ 溶液，然后用 10 mL 0.1 mol/L H$_2$SO$_4$ 酸化，向负极区（b 极）加入 80.0 mL 0.01 mol/L Na$_2$SO$_3$ 溶液。

反应一段时间，电流表示数稳定后，直接向正极区（a 极）电极附近溶液中滴加淀粉溶液，溶液未变蓝，从正极区（a 极）取溶液于试管中，滴加淀粉溶液，溶液却变蓝。

电池工作一段时间后，电流表示数开始减小，持续记录电流表读数，在某段时间内电流表读数在一定范围内反复振动（图 2）。

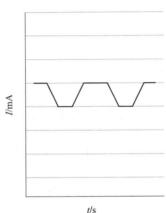

图 2　某段时间内电流表读数随时间变化示意

[**实验分析**] 反应一段时间，电流表示数稳定后，直接向正极区电极附近溶液中滴加淀粉溶液，溶液未变蓝，说明正极发生反应 IO$_3^-$＋6e$^-$＋6H$^+$＝I$^-$＋3H$_2$O，碘酸根与亚硫酸根发生反应时，碘酸根离子会先转化为碘离子，溶液中无 I$_2$ 存在。但从正极区（a 极）取溶液于试管中，滴加淀粉溶液，溶液却变蓝，说明此时正极区溶液中存在碘酸根离子与生成的碘离子，发生反应 IO$_3^-$＋5I$^-$＋6H$^+$＝3I$_2$＋3H$_2$O，但为什么在原电池反应的过程中，正极不会发生 IO$_3^-$ 与 5I$^-$ 反应得到 I$_2$ 而取出溶液能反应得到 I$_2$ 呢？这是因为负极的亚硫酸根离子浓度大，碘酸根离子首先与亚硫酸根离子反应，少量的碘离子不能与碘酸根离子作用，但取出溶液后，碘离子失去了亚硫酸根离子这一"竞争对手"，于是发生了"IO$_3^-$＋5I$^-$＋6H$^+$＝3I$_2$＋3H$_2$O"，而使溶液变蓝色。

电池工作一段时间后，电流表示数开始减小，持续记录电流表读数，在某一段时间内电流表读数在一定范围内反复振动。这样的趋势是如何产生的呢？

通过分析正极存在的粒子及可能发生的反应发现，随着正极、负极反应的进行，依据能斯特方程可知在 298.15 K 时，正极电极电势 E（IO$_3^-$/I$^-$）＝E$^\theta$（IO$_3^-$/I$^-$）＋(0.059 2/6)lg$\dfrac{c(\mathrm{IO}_3^-)}{c(\mathrm{I}^-)}$减小，负极电极电势 E（SO$_4^{2-}$/SO$_3^{2-}$）＝E$^\theta$（SO$_4^{2-}$/SO$_3^{2-}$）＋(0.059 2/2)$\dfrac{c(\mathrm{SO}_4^{2-})}{c(\mathrm{SO}_3^{2-})\left[c(\mathrm{OH}^-)\right]^2}$逐渐增大。如果体系中只存在以上两个电极反应，

则电流表示数会逐渐减小，直至无电流产生。但是在实验过程中，电流表示数在减小到一定值以后，出现了增大的情况，并且该过程反复出现多次，意味着实验过程中正极电极电势存在再次增大的情况。分析正极电极电势表达式 $E(IO_3^-/I^-) = E^\theta(IO_3^-/I^-) + (0.059\ 2/6)\dfrac{c(IO_3^-)}{c(I^-)}$，发现在反应过程中 $c(IO_3^-)$ 一直在降低，若正极电极电势增大必然是 $c(I^-)$ 减小导致，所以此时溶液中存在反应 $IO_3^- + 5I^- + 6H^+ = 3I_2 + 3H_2O$，导致 $c(I^-)$ 减小，$\phi(IO_3^-/I^-)$ 增大。然而在实验过程中正极区电极附近溶液中滴加淀粉溶液，溶液未变蓝，有碘单质生成但是淀粉未变蓝，说明实验过程中生成的碘单质被迅速消耗，分析电极电势发现 $E(I_2/I^-) = E^\theta(I_2/I^-) + (0.059\ 2/2)\lg\dfrac{1}{c(I^-)}$，$c(I^-)$ 减小同时也会导致 $E(I_2/I^-)$ 增大。从标准电极电势来看，

$$IO_3^- + 6e^- + 6H^+ = I^- + 3H_2O \qquad E^\theta(IO_3^-/I^-) = 1.085\ V$$
$$I_2 + 2e^- = 2I^- \qquad E^\theta(I_2/I^-) = 0.535\ 5\ V$$

所以，一段时间后，正极区可能发生的电极反应有 $IO_3^- + 6e^- + 6H^+ = I^- + 3H_2O$ 和 $I_2 + 2e^- = 2I^-$，发生的化学反应有 $IO_3^- + 5I^- + 6H^+ = 3I_2 + 3H_2O$。负极区发生的电极反应 $SO_3^{2-} - 2e^- + 2OH^- = SO_4^{2-} + H_2O$。此时，正极发生电极反应的主要是粒子碘单质还是碘酸根离子呢？

电极电势仅从热力学角度讨论反应的始态和终态间的能量差，以及反应发生的可能性，而不讨论从一个状态变到另一个状态的机理，不能判断反应过程的机理，因此对于反应机理的研究必须使用化学反应动力学知识。

通过实验 I 与实验 II 分析获得的初步结论和查阅资料发现，体系中存在的反应的反映速率是不同的：

$$3SO_3^{2-} + IO_3^- = I^- + 3SO_4^{2-} \qquad ③ \qquad 慢$$
$$IO_3^- + 5I^- + 6H^+ = 3I_2 + 3H_2O \qquad ④ \qquad 较快$$
$$I_2 + SO_3^{2-} + H_2O = 2I^- + SO_4^{2-} + 2H^+ \qquad ② \qquad 快$$

分析实验现象，反应伊始，起主要作用的是反应③。随着反应的进行，碘酸根浓度一直在降低，碘离子浓度逐步增大，反应④速率远大于反应③速率，一段时间以后起主要作用的是反应④。此时，正极区主会发生化学反应 $IO_3^- + 5I^- + 6H^+ = 3I_2 + 3H_2O$，正极区电极反应 $IO_3^- + 6e^- + 6H^+ = I^- + 3H_2O$ 和 $I_2 + 2e^- = 2I^-$ 之间存在竞争关系，由于反应②速率远大于反应③速率，此时正极发生电极反应的主要粒子碘单质，反应的途径为 ④→②→④，在以上反应过程中，由于各个反应速率的不同，导致反应实际是个循环的过程，反应的途径按 ④→②→④ 循环进行，过程中 $c(I^-)$ 在一定范围内反复变化，$E(I_2/I^-) = E^\theta(I_2/I^-) + (0.059\ 2/2)\lg\dfrac{1}{c(I^-)}$ 也反复循环变化，表现为一段时间内电流强度在一定范围内反复振动，整个过程可以表示如下：

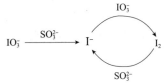

综上所述，在实验 I 过程中，初始阶段主要发生反应 $3SO_3^{2-}+IO_3^-=I^-+3SO_4^{2-}$，该反应速率较慢，一段时间后发生反应 $IO_3^-+5I^-+6H^+=3I_2+3H_2O$。但此时溶液未变蓝是由于反应 $I_2+SO_3^{2-}+H_2O=2I^-+SO_4^{2-}+2H^+$ 速率很快导致，生成的碘单质迅速转化为碘离子。反应 $IO_3^-+5I^-+6H^+=3I_2+3H_2O$ 和 $I_2+SO_3^{2-}+H_2O=2I^-+SO_4^{2-}+2H^+$ 的循环进行，使生成的 I^- 作为反应的催化剂使用，改变了反应的历程，加快了 KIO_3 溶液与 Na_2SO_3 溶液反应，当 Na_2SO_3 消耗完全时，溶液中发生反应 $IO_3^-+5I^-+6H^+=3I_2+3H_2O$，而使溶液迅速变蓝。

参考文献

［1］天津大学无机化学教研室．无机化学［M］．3 版．北京：高等教育出版社，2002．

［2］唐仲谋．酸性条件下碘酸钾与亚硫酸钠的反应机理探讨［J］．邵阳高专学报，1995（01）：52—53．

14. 核心素养导向下的元素化合物学习视角
——以《Fe（OH）₃的制备和性质探究》为例

【摘要】 以 Fe（OH）₃为核心物质，通过其制备和形式探究的实验活动，设计了铁及其化合物的转化关系主题教学实践课。结合价态—类别二维图帮助学生建立铁及其化合物知识结构网，在高一阶段形成认识化学物质和化学反应的角度与思路，进而发展学生的化学学科核心素养。

【关键词】 化学学科核心素养；学习视角；铁及其化合物

一、教学主题内容及教学现状分析

人教版和鲁科版的教材中，铁及其化合物知识均位于必修 1 第三章第一节，参考了两个版本教材中铁及其化合物的呈现内容与方式，以《普通高中化学课程标准》对化学学科核心素养的阐释说明为依据，将铁及其化合物的教学内容划分为三个课时：第一课时为铁及化合物的物理性质（铁的氧化物、氢氧化物、铁盐、亚铁盐溶液的状态和颜色），铁单质和氧化物的化学性质，Fe^{2+} 与 Fe^{3+} 的检验方法；第二课时以 Fe（OH）₃为核心物质，通过其制备和性质的探究，落实铁的＋2、＋3 和＋6 之间的价态相互转化；第三课时通过 PCB 覆铜板的刻蚀与废液回收的探讨，应用铁及其化合物的转化关系解决生产问题。本文主要阐释第二课时的教学设计。

目前已有的教学研究多为从真实情境出发体会 Fe^{2+} 与 Fe^{3+} 的检验和相互转化，常见的生产、生活情境有补铁剂、缺铁引起的植物黄化病、暖宝宝使用前后铁元素的价态变化等，也有教材对实验 Fe^{2+} 与 Fe^{3+} 相互转化过程中的异常现象进行深入探究。以上设计均能从实验探究过程中使学生主动完成知识的构建。但有 2 个问题值得思考：①从铁原子核外电子排布的角度分析，铁元素可以有更高的价态，近几年高铁酸盐确实也频繁出现在高考真题和模拟题中，如 2018 年高考化学北京卷的第 28 题，所以，铁的价态仅围绕＋2、＋3 转化对学生的认知有一定的局限性。②以往的教学设计中铁在不同价态之间的转换过程中涉及的物质种类繁多，学生的注意力不容易集中，所以如何选取一个核心物质，围绕核心物质展开教学，是笔者重点思考的问题。

二、教学思想与创新点

《普通高中化学课程标准》中"铁及其化合物"是学生必做的实验内容，实验探究也是学生研究和学习物质及其变化的基本方法。Fe（OH）₃胶体及其性质在人教版必修 1 第一章第一节"物质分类及其转化"中学习，学生相对熟悉，Fe（OH）₃的铁元素处于中间价态，有利于实验探究的开展，所以本课时选取 Fe（OH）₃作为核心物质，充分探究其性质，调动学生的学习积极性；同时本课时也承担了一定的总结、应用和提升的任务，主要体现在元素物质的转化应该走的两条线，即类别和化合价。

基于此，以 Fe（OH）$_3$ 为核心物质，通过对其制备和性质的探究，推动教学开展，通过对 Fe（OH）$_3$ 和 K$_2$FeO$_4$ 在净水方面应用的体会，提升学生的学习积极性，深切感受化学的重要意义。

三、教学目标

（1）教学目标。

1）通过预习任务填写铁及其化合物的价类二维图，为从两个维度分析物质的性质埋下伏笔，发展学生模型认知的化学学科核心素养。

2）通过以 FeSO$_4$ 为原料制备 Fe（OH）$_3$，实现铁＋2 向＋3 价的转化，体会不同制备路径的优点、缺点，优化制备方案，发展学生变化观念的化学学科核心素养。

3）通过对比 Fe（OH）$_3$ 与同浓度盐酸、氢碘酸反应现象的差异，实现铁＋3 向＋2 价的转化，认识 Fe（OH）$_3$ 的碱性和氧化性，同时建立分析化学物质和化学反应的一般思路与方法，发展学生科学探究与创新意识的化学学科核心素养。

4）通过对 Fe（OH）$_3$、Cl$_2$、KOH 反应的分析，突破对铁价态的认识，认识 Fe（OH）$_3$ 的还原性，巩固分析化合物质和化学反应的思路与方法，初步学习证据与结论的关系，形成证据意识，通过对 K$_2$FeO$_4$ 消毒净水原理的理解，发展学生社会责任的化学学科核心素养。

（2）评价目标。

1）通过对铁及其化合物价类二维图的梳理，诊断并发展从物质类别和氧化还原的双重视角分析物质性质的水平进阶。

2）通过对 Fe（OH）$_3$ 制备方案的路径设计，诊断并发展学生实验方法的选择与评价。

3）通过对 Fe（OH）$_3$ 性质的充分探究，诊断学生认识化学反应的视角，发展学生实验探究水平及对化学价值的认知水平。

四、教学流程

依据构建主义学习理论和杜威"做中学"的教学思想，本文将"任务驱动教学法"应用到高一化学的元素化合物学习进行实验研究，提高学生的主动参与度，有利于教学目标和学习目标的达成。王春老师在《"任务驱动"教学法在化学教学中的应用》一文中提道："化学是一门以实验为基础的学科，相对于其他学科来说，知识点具有'多、散、碎'的特点。教师如果把教学内容中的关键知识点分解成若干个小模块，针对学生实际水平，设计出一个个任务，让学生来逐个完成，就能让学生在具有明确目标的任务驱动下，自发地学习化学知识，分析化学问题，体验学习化学的乐趣，在任务的完成过程中其小组合作学习意识、实验探究能力等化学素养都会得到很好的锻炼和提升。"让学生在真实情境和实验探究中学习，将教学过程设计成 4 个环节。教学流程如图 1 所示。

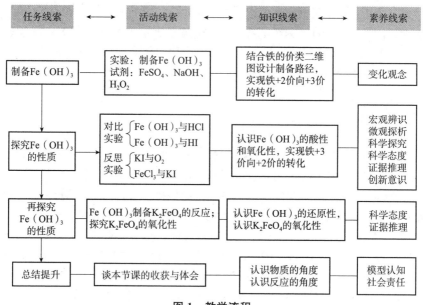

图 1　教学流程

五、教学实录

（1）制备 Fe（OH）$_3$。

【教师】Fe（OH）$_3$ 胶体在本学期第一章第一节已经学习过，其具有净水作用，Fe（OH）$_3$ 粉末还在颜料和药物领域有重要的应用。以饱和 FeSO$_4$ 溶液、6 mol/L NaOH 溶液、15% H$_2$O$_2$ 溶液（用量均为 1 mL）为原料，设计制备方案，实施后进行结果汇报与评价。

【学生分组实验方案及现象】如图 2 所示。

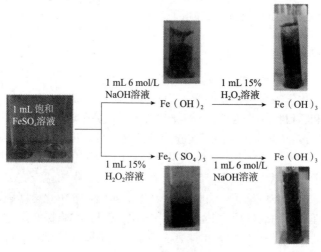

图 2　Fe（OH）$_3$ 的制备

【学生汇报】核心原料 $FeSO_4$ 和目标产物 $Fe(OH)_3$ 之间物质的种类与核心元素的价态均发生了变化，所以需要分步完成，设计了两个方案。

【教师】你如何评价两个制备方案？

【学生】先加 NaOH 的方案因为生成了 $Fe(OH)_2$ 固体，再加 H_2O_2 可能存在氧化不充分的问题，需要充分振荡。先加 H_2O_2 的方案中，加入 H_2O_2 之后首先产生大量的气泡，试管变得很热，再加 NaOH 之后有 $Fe(OH)_3$ 生成。从产品的形状分析，我认为先加 H_2O_2 的方案好一些，但我不知道为什么冒泡和放热。

【资料卡片】催化 H_2O_2 分解，该分解反应为放热反应，催化分解机理如下：

第一步：$2Fe^{2+} + H_2O_2 + 2H^+ = 2Fe^{3+} + 2H_2O$

第二步：$2Fe^{3+} + H_2O_2 = 2Fe^{2+} + 2H^+ + O_2$

【教师演示实验1】取 2 mL 饱和 $FeSO_4$ 溶液于试管中，滴加 1 滴 1 mol/L 的 KSCN 溶液，溶液变为血红色。

【教师演示实验2】取 1 mL 6 mol/L 的 NaOH 于试管中，逐滴滴加饱和 $FeSO_4$ 溶液，白色絮状沉淀迅速变为灰绿色，最终变为红褐色。

【学生】$FeSO_4$ 溶液和 $Fe(OH)_2$ 均被 O_2 氧化了。

【教师】你能用化学用语表示上述氧化过程吗？

【学生板书】$4Fe(OH)_2 + O_2 + 2H_2O = 4Fe(OH)_3$

$4Fe^{2+} + O_2 + 4H^+ = 4Fe^{3+} + 2H_2O$

【教师小结】通过该制备活动我们体会到，中间价态+2 价铁的化合物具有较强的还原性，容易被氧化为+3 价铁的化合物，而氧化剂的选择也不唯一，常见的氧化剂 O_2、Cl_2、HNO_3 和 $KMnO_4$ 等均能将 Fe^{2+} 氧化为 Fe^{3+}。那我们制得的 $Fe(OH)_3$ 具有什么样的性质呢？

（2）探究 $Fe(OH)_3$ 的性质。

【教师】请对 $Fe(OH)_3$ 的性质进行预测，说明预测依据，并设计实验进行验证。

【学生】$Fe(OH)_3$ 具有碱性，因为其物质类别属于碱，让其与盐酸反应进行验证，预测的现象是固体溶解，溶液变为黄色。

【教师】今天我给大家准备了两种酸：2 mol/L HCl 和 2 mol/L HI（强酸）。因实验室没有 HI，请大家用 4 mol/L 的 HCl 和 4 mol/L 的 KI 溶液 1∶1 配制 HI，请问，这样配制的溶液是否可以当作 HI 使用呢？

【学生】可以，因为学习了离子反应，我们知道，Cl^- 和 K^+ 不参与该反应，根据离子反应的本质，该溶液与 $Fe(OH)_3$ 反应时相当于 HI。

【学生分组实验方案及现象】如图 3 所示。

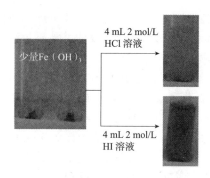

图3 Fe (OH)₃与 HCl、HI 的反应

【实验反思】关于 Fe (OH)₃与 HI 反应的实验反思见表1。

表1 关于 Fe (OH)₃与 HI 反应的实验反思

反思点	实验方案	实验现象	实验结论
［反思 1］Fe (OH)₃与 HI 反应可能生成了 I₂	取少量反应后溶液于另一试管中，加水稀释后加淀粉		Fe (OH)₃与 HI 反应生成了 I₂
［反思 2］有没有可能是空气中的 O₂ 将 I⁻氧化为 I₂？	取少量 KI 溶液于试管中，滴加淀粉溶液，观察现象，一段时间之后再滴加少量稀盐酸	KI溶液与淀粉溶液混合后放置在空气中一段时间，溶液颜色不变蓝；向混合溶液滴加少量稀盐酸，溶液变蓝	I⁻ 在酸性条件下可以被 O₂ 氧化
［反思 3］Fe³⁺ 究竟能否氧化 I⁻？	向少量不酸化的 FeCl₃溶液加入 KI 溶液，取少量反应后的溶液加水稀释，用淀粉检验	FeCl₃ FeCl₃+KI 淀粉检验	Fe³⁺ 能氧化 I⁻

【学生板书】$2Fe(OH)_3 + 6H^+ + 2I^- = 2Fe^{2+} + I_2 + 6H_2O$。

【教师】通过以上性质研究实验和反思实验，你有哪些收获？

【学生】通过 HI 与 Fe (OH)₃ 的反应，我发现通过这个实验，既可以证明 Fe (OH)₃ 的碱性，又可以证明它的氧化性。而且在分析 HI 与 Fe (OH)₃ 的反应时，不能只关注物质类别，酸和碱发生复分解反应，还要关注 HI 的还原性，因为我们在学习常见的还原剂时知道 KI 具有较强的还原性。

【教师】很好，我们体会了 Fe 的＋3 价向＋2 价的转化，同时也丰富了我们分析化学反应的视角：复分解反应、氧化还原反应和离子反应。

（3）再探 $Fe(OH)_3$ 的性质。

【教师展示课前实验】K_2FeO_4 的制备装置图及制备过程：如图 4 所示的装配药品并连接装置图，开始反应约 40 min 后，主反应装置中溶液的颜色变为紫色，如图 5 所示。

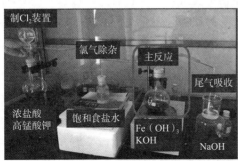

图 4　K_2FeO_4 的制备

图 5　主反应装置反应前后对比

【资料卡片】$3Cl_2+2Fe(OH)_3+10KOH=2K_2FeO_4+6KCl+8H_2O$

【学案任务】K_2FeO_4 中 Fe 的化合价为 +6，在该反应中 $Fe(OH)_3$ 的作用是还原剂；KOH 的作用是提供反应发生所需的碱性环境。

【教师】请你预测 K_2FeO_4 的性质并用现有试剂进行实验验证。

【学生分组实验方案及现象】如图 6 所示。

图 6　K_2FeO_4 与 $FeSO_4$ 的反应

（4）总结提升。

【教师】今天我们以 $Fe(OH)_3$ 为核心物质，通过对其制备方法及性质的探究，学习了铁及其化合物的转化关系（图 7）。请根据此转化关系图，谈谈你在本节课的收获和体会。

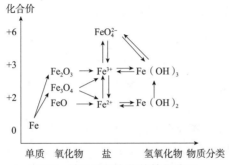

图 7　铁及其化合物的转化关系

【学生】今天是一场实验的盛宴，我了解了 $Fe(OH)_3$ 的性质，即碱性、氧化性和还原性，尤其是还原性，是我之前没有想到的。

【学生】$Fe(OH)_3$ 与 HI 那个实验给我的冲击比较大，以后再学习新的物质、新的反应，我都可以从今天学习的认识化学物质和化学反应的角度思考。

【教师】谢谢同学们的分享，化学使生活更美好，今天我们在学习了 $Fe(OH)_3$ 的性质及制备的同时，接触了 K_2FeO_4 这种新型、高效、多功能的净水剂。希望大家继续在化学的道路上不停地求索，世界因你们学化学而变得更精彩。

六、教学效果与反思

（1）探究实验开放适度，异常现象有取有舍。实验探究是为了更加全面地开发实验的育人功能，通过实验探究，培养学生的分析能力，养成良好的科学方法和态度，进而建立牢固的知识体系，所以，新课改背景下提倡开放性的实验探究课的开展。教师在进行实验探究课时，要适度开放，因为化学反应随条件等的变化现象会大不相同。在由 $FeSO_4$ 制备 $Fe(OH)_3$ 的方案设计中，教师明确规定了试剂的浓度和用量。在教师准备实验的过程中 $FeSO_4$ 量多时，最终会生成黑色沉淀 Fe_3O_4，所以在教学实施中舍弃了对于试剂的浓度和用量的探究，只让学生去体会试剂的加入顺序对实验结果的影响。

（2）不回避异常现象，及时回应学生的疑问。在由 $FeSO_4$ 先加 H_2O_2 制备 $Fe(OH)_3$ 的实验过程中，学生发现有明显的气泡和放热现象，这时候，教师在明确了本实验目的及功能的基础上，要及时对异常现象予以回应，让学生知其然亦知其所以然，同时 Fe^{2+} 催化 H_2O_2 分解又是对氧化还原知识点的复习和提升。再如 $Fe(OH)_3$ 与 HI 反应过程中也有少量气泡冒出，带领学生分析可能是 $Fe(OH)_3$ 在制备的过程中，NaOH 过量且未洗涤干净，在长期储存过程中 NaOH 吸收空气中的 CO_2 生成 Na_2CO_3，与 HI 反应产生气泡，也是对物质转化关系很好的复习。

（3）课上课下结合，依据学情弹性安排教学。本节课的知识容量较大，因为在高一阶段，学生的对比实验等意识还有待提高，即便是试管实验，学生的操作规范性和效率依然比较薄弱，到时实验耗时较长，所以可以根据学生的不同情况，弹性安排教学，对比实验在课上进行，相关氧化还原型离子方程式的落实可以留做课后作业，实验中的异常现象也可以在课后进行更深入的研究。

参考文献

[1] 王晶，郑长龙. 普通高中教科书·化学·必修第一册 [M]. 北京：人民教育出版社，2019.

[2] 王磊. 普通高中教科书·化学必修第一册 [M]. 济南：山东科学技术出版社，2019.

[3] 中华人民共和国教育部. 普通高中化学课程标准（2017 版）[M]. 北

京：人民教育出版社，2018.

［4］李世媛，支二娟．基于 UbD 理论培养学考生化学核心素养的教学设计——以"补铁剂中 Fe^{2+}、Fe^{3+} 的性质及其转化"为例［J］．化学教与学，2019（07）：81—83＋74.

［5］王正兵．素养为本的化学教学与评价的设计和实施——以"补铁剂中铁的检验与转化"为例［J］．化学教育（中英文），2019，40（11）：29—35.

［6］耿亚萍．基于生活问题情境的化学核心素养的培养研究——以铁及其化合物复习为例［J］．化学教育（中英文），2019，40（07）：38—41.

［7］姚明站．基于核心素养视域下的化学课堂教学设计——项目式学习"Fe^{2+} 与 Fe^{3+} 的性质与转化"为例［J］．化学教与学，2019（04）：46—50.

［8］刘妍，王秀红，张冬华．基于化学学科核心素养的"铁盐和亚铁盐"教学设计［J］．化学教育（中英文），2019，40（07）：33—37.

［9］奚梅梅，郭玉林，孙静，等．Fe^{2+} 与 Fe^{3+} 相互转化的实验探究［J］．中学化学教学参考，2018（13）：55—57.

［10］王春．"任务驱动"教学法在化学教学中的应用［J］．中学化学教学参考，2009（04）：6—8.

15. "双减"政策下高中化学作业改革及实践策略分析开题报告

一、本课题核心概念的界定

1. 双减

2021 年 7 月 24 日，中共中央办公厅、国务院办公厅印发《关于进一步减轻义务教育阶段学生作业负担和校外培训负担的意见》。提出要减轻中小学生的作业负担与校外培训负担，在后续的教学工作与日常研究中，众多教育专家、一线教师与新闻工作者成俗地将其称为"双减"。本课题从减轻学生作业负担出发，研究减少高中化学作业中机械重复、模式固定的作业类型，在降低作业数量的同时提升作业质量，促进学生多方面发展。

2. 高中化学作业

作业是课堂教学的延伸，也是学生对于课堂知识、技能进行巩固的一种学习方式，还是学生自主进行知识构建的过程。

高中化学作业是以课程标准为指引，教师结合化学教材内容、学生身心发展阶段特点指导学生开展的一种学习活动，是高中化学学习中非常重要的组成部分。高中化学作业的目的是促进学生更好地将化学理论与实践结合，培养学生独立解决问题的能力。通过作业的完成过程，能够养成学生良好的化学学习习惯，培养学生良好的学习态度与化学学科素养，促进学生的综合发展。

二、国内外研究现状述评

1. 国外研究现状述评

西方学者针对作业的问题开展了大量的调查分析与实验研究。Bonyun 提出作业量与学生成绩之间的关联呈现正比的状态，作业做得多的学生，成绩往往比只完成少部分作业的学生要优秀。布卢姆在他的《教育评价》提出学生的作业量与成绩之间不存在直接的关联性，甚至有时还会造成相反的结果。美国教育家哈里斯·科普尔提出通过提升作业的灵活性，有助于学生学习成绩的提升，如在作业中设置必做题与选做题。美国学者古德在他的《透视课堂》一书中提出：比起学生做枯燥的课后作业，不如为学生创建良好的"自主思考"环境，类似于小组合作学习的氛围更能够提升学生的思维能力，他提议教师要通过设计合作探究类型的作业，将作业转变为学生自身的需求，促进学生知识技能与沟通能力的双提升。帕斯切尔等则对作业的批改评价展开探究，提出课后作业中的鼓励性评语、建设性意见与针对性的作业讲评，能够有效提升学生的学习习惯与学习能力。

2. 国内研究述评

在新课程改革、素质教育与"双减"政策的不断推进下，国内众多专家、学者都认识到了作业对于学生的重要性，并且相关的研究成果与论文也越来越多。

例如，谈振华的《课堂教学理论读本》中对作业的形式展开探究，提出应当有预习复习、书面练习与实践活动等形式，同时难度应结合学生的实际情况，数量要适中，要具有典型意义，且教师要及时对学生的作业进行检查与反馈。陆国志在《高中化学有效作业的设计与评价》中对化学作业的设计原则展开探讨，并从目的性与针对性相结合，自主性与合作性相结合，层次性与整体性相结合、知识性与体验性相结合的角度提出有效的化学作业设计策略。陈建华在《对新课程背景下中小学作业改革的探讨》中提出要将作业看成延伸性的学习活动来看待。辽宁师范大学吴晓静的《新课程理念下高中化学作业的设计》中对多样化的作业在化学作业设计中的灵活运用展开探究，并且重点对开放性作业的设计与实施展开阐述，提出归纳比较型、习题推荐型、方案设计型、实验探究性和实践活动等开放作业形式。华东师范大学车肖华的《高中化学新课程作业设计研究》针对当前化学作业数量多、难度大、内容狭窄、类型单调等问题展开探究，并且提出优化策略。

三、选题的目的

高中化学作业改革必须紧跟"双减"政策的步伐，本课题的研究符合当前教育发展的趋势，探究"双减"背景下高中化学作业改革策略，在探究提升高中作业质量的同时降低学生的课业负担，将课后时间还给学生，促进学生的健康成长。

本文的主要目的是探究当前高中化学作业中不和谐的因素，紧密贴合"双减"政策，尽可能地解决往常高中化学作业设计方面的难题，探索"双减"背景下高中化学作业改革及实践策略，为广大师生提供切实可行的作业改革优化策略与实施方案，既减轻学生的作业负担，又提高作业的质量，达到提升高中化学教学效率，减轻教师与学生双重压力的目的，为"双减"政策的推行提供作业设计方面的事实依据。

四、选题意义

通过本课题研究能够充实高中化学改革及实践策略研究的相关理论与操作经验。在"双减"背景下，有效提升高中化学作业设计的质量，减少课后作业时间。本课题探究"高质低量"的高中化学作业设计策略与实践策略，能够有效保障学生课后睡眠、锻炼时间，有效促进学生多方面的健康成长。

五、研究价值

1. 理论价值

本课题研究以"双减"政策为指导，对当前高中化学作业的现状、作业设计等情况展开切实的调查研究。通过对"双减"政策的深度解读，对现状的全面调查，对教师、学生与家长对于高中化学课后作业的现实需求与学生的阶段发展特点进行全面融合，探究"双减"背景下有效的高中化学作业改革与实践策略。补充当前

"双减"政策下对于高中化学作业设计相关研究的空白，为其他专家、学者对这一领域展开探究时提供一定的理论参考价值。

2. 实践价值

本课题研究将全面贯彻落实"双减"政策，重视学生的多方面健康发展，在前人大量文献资料与研究成果的支持下进行有效研究。结合教师、学生与家长对于高中化学作业的实际需求，构建出有效的"双减"背景下高中化学作业改革与实践策略。通过课题的实践与推广，能够有效减轻学生的作业负担，让学生能够拥有充足的课余时间。同时减量不减质，促进学生高中化学素养的全面提升。通过课题成果的推广运用，还帮助众多一线教师深入理解"双减"政策，在落实"双减"政策时提供课后作业优化设计的教学经验参考价值。

六、本课题的研究目标

（1）深入研究"双减"政策，梳理当前高中化学作业改革与实践的落脚点。

（2）探究"双减"政策下，高中化学作业的数量、质量和学生课后活动时间的平衡。

（3）构建"双减"背景下高中化学作业改革与实践策略，降低高中学生化学作业压力，促进学生多方面健康发展。

七、研究内容

（1）深入解读"双减"政策，以"双减"政策为指导开展课题研究。

（2）对本校高中学生化学课程的作业情况展开调查。例如，学生化学作业完成时间、化学作业数量、化学作业难度、学生完成作业的态度等情况。

（3）探究"双减"背景下，学生化学作业数量与学生课后活动时间之间的关联性，在大量理论的支持下，寻求高中化学作业数量、质量与"双减"政策对于课后作业要求的平衡。

（4）研究如何提升高中化学作业的质量，强化化学作业的典型性、启发性与系统性。

（5）研究高中化学作业的分层设计，提升作业多样化形式，突出高中化学作业的层次性、差异性、开放性和实践性。

（6）通过理论与实际的结合，构建出"双减"背景下高中化学作业改革与实践策略，并在实践中进行验证，探究策略的有效性。

八、研究假设

作业是学校教育高质量发展的关键因素之一，对于学生能够健康成长也有着重要的意义。在"双减"背景下，对高中化学作业的改革与实践策略展开探究，是积极响应国家政策的研究，能够有效减轻学生的课业负担。本课题运用文献研究法、调查法、案例分析法、行动研究法等研究方法，对当前高中化学课程的作业现状展开探究，在理论基础与实践研究的过程中，对高中化学作业数量、质量与"双减"政策对于学生作业要求之间的平衡关系展开探究，在提升高中化学作业质量的同时，降低作业数量，构建有效的"双减"背景下高中化学作业改革与实践的策略，促进学生全面健康成长。

九、拟创新点

"双减"政策刚颁布不久，结合"双减"开展课后作业探究的相关研究还比较少，且大多偏重于理论研究，针对高中化学作业的实践研究还比较少的现象。本课题以"双减"政策为指引，结合教师、学生和家长的实际需求，从化学课后作业质量与数量对于"双减"政策的平衡点展开探究，从作业的层次性、差异性、多样性、开放性展开探究，促进高中化学作业改革，提出有效的实践策略，具有一定的创新性。

十、本课题的研究思路

（1）以"双减"政策为指导，在课题准备阶段对"双减"政策进行深入的解读，梳理课题的研究方向。

（2）收集、整理有关"双减"背景下高中化学作业改革与实践策略的有关文献资料与研究成果，为课题研究构建理论基础。

（3）对当前高中化学作业改革与学生化学作业的质量与数量展开调查，结合理论资料与政策性文件，探究高中学生化学作业质与量和"双减"政策对于学生课后作业要求之间的平衡。

（4）在理论与调查的基础上，对高中化学作业的层次性、差异性、开放性和多样性展开探究，构建"双减"背景下高中化学作业改革与实践的有效策略，并在实际中进行实践。

（5）在实践过程中通过调查法与案例分析法，对实践的效果进行检验，对实践过程中出现的问题进行调整与分析，最终得出完整的"双减"背景下高中化学作业改革与实践策略。

十一、研究方法

1. 文献研究法

通过对中国期刊网、中国知网等网站的查阅，收集关于"双减"背景下高中化学作业改革和实践策略分析的国内外相关文献与研究成果。通过对"双减"政策的深入研读与分析，通过对相关资料的梳理，扎实建立课题研究的理论基础，并且为课题研究提供正确的前进方向。

2. 调查研究法

通过多种形式的调查方法，例如问卷、访谈等形式，对当前"双减"背景下高中化学作业改革的现状进行了解。了解当前高中化学作业在质量、数量上的实际情况和学生完成作业的时间。对"双减"背景下学生对于高中化学作业的真实需求、教师对于高中化学作业改革的意见与需求进行收集，以便于课题能够提出实施方案。

3. 案例研究法

通过对课题实践过程的典型教学案例进行收集，并展开深入的分析，从中提炼出"双减"背景下高中化学作业改革与实践中产生的实际问题，并针对问题提出有效的解决策略。

4. 行动研究法

通过前期充足的准备，结合理论知识与对当前实际情况的调查，提出在"双减"背景下高中化学作业改革与实践的有效的实施策略。将实施策略运用于实践之中，通过实际的行动，对课题实施方案的有效性进行验证，并且结合教师、学生和家长的建议与反馈，对实施方案进行不断的修改，最终得到有效的研究成果。

十二、技术路线

技术路线如图1所示。

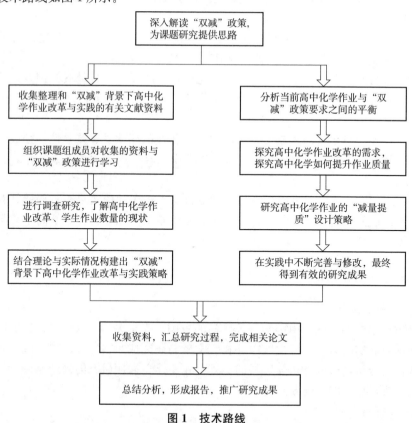

图1　技术路线

十三、实施步骤

（1）准备阶段：2021 年 10 月—2022 年 1 月。

1）完成课题前期的准备工作，确定成员分工，对"双减"背景下高中化学作业改革与实践的相关文献资料、政策、研究成果进行收集、整理。

2）对当前高中阶段化学作业改革和学生化学作业的数量与质量、完成时间、作业态度等展开调查。

3）结合理论资料与调查结果，分析"双减"背景下学生化学作业数量与学生课后活动时间之间的关联性，在大量理论的支持下，寻求高中化学作业数量、质量与"双减"政策对于课后作业要求的平衡。

4）结合理论基础与实际情况，探究"双减"背景下高中化学作业质量与数量的改革优化方案，最终构建出"双减"背景下高中化学作业改革与实践策略。

（2）实施阶段：2022 年 2 月—2022 年 6 月。将准备阶段所提出的实施方案通过行动研究法进行实践。通过实际行动，对课题实施方案的有效性进行验证，并且结合教师和学生的建议与反馈，对实施方案进行不断的修改，最终得到有效的研究成果。

（3）总结阶段：2022 年 7 月—2022 年 12 月。对实践过程中产生的数据与教学案例进行收集与归纳，将课题实践的成果提炼出理论成果。开展"双减"背景下高中化学作业改革与实践策略分析研究成果交流活动，完成结题报告。

十四、已有相关成果

在近两年，课题组成员对中小学生"减负"的政策做了大量的研究，他们具有强烈的工作责任感和先进的教学理念，对科研工作有热情，能自觉主动地投入教学改革中，课题负责人是全国化学特级教师，在化学教育研究方面有着非常丰富的经验。近二十年来，多项课题在省、市、县立项并获奖，多篇相关论文在国家级刊物上发表，如《高中化学作业评价设计策略初探》《改变高中化学作业批改方式适应新课程改革要求》。在中小学生"减负"的政策实施过程中，积极参与化学教研活动，主动承担教学工作，顺应政策认真反思，形成了《激情引趣减负增效——高中化学作业减负设计的几点思考》校本教研教学反思文稿。课题组成员也撰写了相关论文《减负增效抓作业——小议高中化学作业设计的几种方法》。

十五、预期研究成果

预期研究成果见表 1。

表 1 预期研究成果

序号	成果形成时间	阶段成果名称	成果形式
1	2021 年 11 月	我校化学作业布置评价现状调查	调查报告
2	2021 年 12 月	举办高中化学作业设计分析讲座	教研讲座
3	2022 年 2 月	"双减"政策下高中化学作业思考研究	学术论文
4	2022 年 5 月	"双减"政策下高中化学作业改革实践分析学案	校本教材
5	2022 年 6 月	"双减"政策下高中化学作业改革及实践案例	个案研究
6	2022 年 7 月	"双减"政策下高中化学作业改革及实践评价反馈	学术论文

最终研究成果见表 2。

表 2 最终研究成果

序号	完成时间	最终成果名称	成果形式
1	2022 年 9 月	"双减"政策下高中化学作业改革及实践策略分析	论文
2	2022 年 10 月	"双减"政策下高中化学作业模式实践研究	研究报告
3	2022 年 12 月	"双减"政策下高中化学作业改革及实践策略分析	结题报告

参考文献

[1] 何翔. 新课程背景下高中化学合作实践型作业的布置与评价研究 [J]. 化学教学，2015，(02)：67—69.

[2] 马洪春. 优化作业管理体系，实现作业的"减负增效"[J]. 中学生导报（教学研究），2013（32）.

[3] 何红霞. 对高中化学作业设计的策略分析 [J]. 新课程，2020（33）：22—23.

[4] 王蕊. 化学教学减负策略初探 [J]. 文理导航·教育实践与研究，2016，(2)：194—194.

[5] 陈军. 浅谈如何在化学教学中减负增效 [J]. 新校园（上旬刊），2014，（2）：156—156.

[6] 马洪春. 优化作业管理体系实现作业"减负增效" [J]. 读与写（下旬），2012，09（4）：13—14.

[7] 刘长胜. 新课程背景下化学作业的布置与评价 [J]. 中国教育技术装备，2011，（10）：22—27.

[8] 钱孝清. 微课构建高中化学教学减时增效课堂的实践研究 [J]. 新教育时代电子杂志（教师版），2019（4）：68.

[9] Dariusz Jamroz. The examination of the effect of the criterion for neural network's learning on the effectiveness of the qualitative analysis of multidimensional data [J]. Knowledge and Information Systems，2020（prepublish）.

[10] PASCO Scientific. New Essential Chemistry Curriculum from PASCO Provides Complete，Affordable Solution for High School Chemistry with Textbook，e-Book，Digital Teacher Edition，and Equipment Kits [J]. Computer Weekly News，2018.

[11] Wagner Inga. Effectiveness and perceived usefulness of follow-up classroom observations after school inspections in Northern Germany [J]. Studies in Educational Evaluation，2020：67.

[12] D. A. Moreno—Zambrano，I. C. Regato—Ugalde，M. C. Massuh—Coello，et al. Deficient neuroscience teaching in the basic science curriculum，is this the origin of the neurophobia? [J]. Journal of the Neurological Sciences，2015：357.

第二部分　教学设计篇

1. "实际问题中氧化还原反应的应用"教学设计

一、教学目标

1. 知识技能

（1）通过对汽车尾气中 NO_x 无害化处理的基本原理的分析，使学生能够从氧化还原的角度分析说明 NO_x 无害化处理的基本思路和方法。

（2）在阅读分析文字材料的基础上，带领学生体会寻找关键字，对应化学原理（知识），进而解决问题的分析过程，初步形成解答基于实际内容的化学试题的一般思路。

（3）在解答 SCR 和 NSR 技术可有效降低柴油发动机中 NO_x 排放实际问题的过程中，引导学生总结归纳出氧化还原原理的常见考查方式、陌生氧化还原反应书写的一般步骤。

2. 过程方法

在阅读分析材料的基础上，带领学生体会寻找关键字，对应化学原理（知识），进而能够从氧化还原的角度分析解决问题，初步形成解答基于实际内容的化学试题的一般思路。构建解题模型并应用于实际分析。

3. 情感态度价值观

通过对文献材料和试题的分析，使学生认识到化学知识在处理污染、变废为宝方面的重要作用，体会化学学习的实际意义。

二、教学重点难点

（1）初步形成解答基于真实问题情境的化学试题的一般思路。

（2）总结归纳出氧化还原原理的常见考查方式、陌生氧化还原反应书写的一般步骤。

三、教学过程

教学环节	教师活动	学生活动	设计意图
NO_x 处理的基本思路	新闻报道：京津冀连续臭氧超标，介绍光化学烟雾的产生，氮氧化物的来源。 提出问题： 1. 如何实现发动机中 NO_x 无害化处理？ 2. NO_x 无害化处理中主要用到了哪些化学的基本知识（概念）？ 3. NO_x 无害化处理中需要加入哪类物质？举例说明加入这类物质的原因。 【过渡】在实际的汽车工业中又是如何处理 NO_x 的呢？	观看并思考 思考，汇报 找到关键词：NO_x 无害、NO_x 转化为 N_2 氧化还原反应 加入还原剂，举例说明（金属、SO_2、Fe^{2+}）	联系当下，研究实际问题 从任务中找到关键词，进而提取相关化学知识，应用相关化学原理解释问题 反应是有条件的
解决实际问题时的一般步骤和方法的建立	SCR（Selective Catalytic Reduction，选择性催化还原）技术是目前降低车用柴油发动机排放 NO_x 最有效的后处理技术。 工作原理：SCR 系统工作时，在电控单元的控制下，尿素泵将尿素从尿素罐中抽出，经加压、过滤后送到计量喷射单元；压缩空气经控制单元调压后也送到计量喷射单元。定量喷射阀打开后，车用尿素溶液在压缩空气的引射作用下射出，与压缩空气混合后经喷嘴喷入排气管，在废气温度和气流作用下汽化分解为 CO_2 和氨水，氨水作为还原剂将 NO_x 还原为无污染的氮气和水。 问题：1. 阅读材料，画出实现发动机中 NO_x 无害化处理的关键内容。 2. 发动机中 NO_x 无害化处理过程中经历了那些化学变化？用化学方程式表示这些化学变化。（氮氧化合物用 NO_2 代表） 3. 尝试用流程图的形式表示发动机中 NO_x 无害化处理过程并画出流程图。 4. 完成附1练习。 小结：分析解决以上问题的一般思路和具体方法。 【过渡】SCR 和 NSR 技术可有效降低柴油发动机在空气过量条件下的 NO_x 排放。NSR 技术以试题的方式加以呈现，其阅读分析方法与文献资料的分析方法是相同的	阅读文献，画出关键内容 找到化学变化，并用化学用语表示 汇报并演示书写过程，归纳书写的一般步骤 画出转化过程的流程图 对比文字资料，流程图，试图找出三者间关系	用化学的观点阅读分析实际问题 物质，物质的转化，物质间反应，专有名词，化学用语…… 分析反应的类型，应用相关原理书写化学方程式 归纳氧化还原反应书写的一般步骤 同一内容可用不同的方式呈现，内涵相同，分析与解决的方法也是相同的

教学环节	教师活动	学生活动	设计意图
学以致用应用所学分析解决问题	2017 北京 27（节选，改） 1. 通过 BaO 和 Ba（NO₃）₂ 的相互转化实现 NOₓ 的储存和还原。储存 NOₓ 的物质是_____。 写出 NO 被储存时发生的化学反应的方程式。 2. 用氢气模拟还原性尾气研究了 Ba（NO₃）₂ 的催化还原过程 该过程分两步进行该过程相关物质浓度随时间的变化关系，如图所示 第一步反应消耗 H_2 与 Ba（NO₃）₂ 物质的量之比为_____。 第二步反应的化学方程式为_____ _____。 3. 还原过程中，有时会产生笑气（N₂O）。用同位素示踪法研究发现笑气的产生与 NO 有关。在有氧条件下，¹⁵NO 与 NH₃ 以一定比例反应时，得到的笑气几乎都是 ¹⁵NNO。该反应的化学方程式为： _____。 4. 富燃条件下，柴油不完全燃烧时会排放出碳氢化合物（CₓHᵧ）和 CO 写出 NO 被燃料不完全燃烧产生的 CO 还原的化学方程式。 写出 NO 被燃料不完全燃烧产生的 CₓHᵧ 还原的化学方程式。 5. 通过学习，你觉得在降低柴油发动机中的 NOₓ 排放过程中 SCR 和 NSR 技术相比，NSR 技术的显著优点是什么？ 【过渡】一节课的学习内容也可以视为一份资料、文献、试题	图形语言与文字表述结合分析 分析、解答问题 找到关系图中的关键点 关键词：有氧条件 分析并展示答题的过程 回顾两种方法对比分析 整体回忆整节课	试题的问题就是教师的提问 将问题视为任务，找到关键词、关键内容 应用相关知识解决问题 使学生的思维外显 从污染物的处理角度对比分析

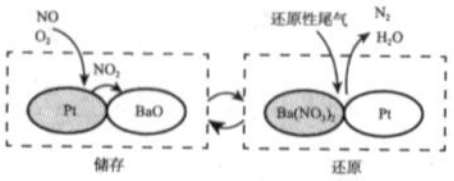

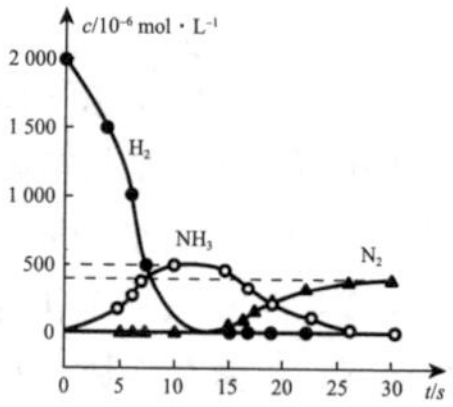

续表

教学环节	教师活动	学生活动	设计意图
总结提升	通过本节课的学习有何收获？（知识能力、方法） 教师总结：关注知识的实际应用价值，化学使生活更美好	汇报小结	回顾本节内容 知识和方法 等获得 体会化学学习的实际意义
课后练习，作业		学案	

四、板书设计

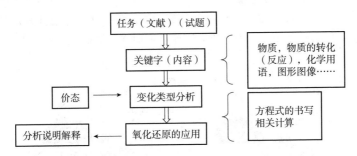

实际问题中氧化还原反应的应用，汽车尾气中 NO$_x$ 的处理

任务一：NO$_x$ 处理的基本思路

1. 如何实现发动机中 NO$_x$ 无害化处理？你的依据是什么？
2. NO$_x$ 无害化处理中需要加入哪类物质？举几个例子。

任务二：阅读材料获取知识

SCR 技术在柴油发动机排放控制中的应用

SCR（Selective Catalytic Reduction，选择性催化还原）技术是目前降低车用柴油发动机 NO$_x$ 排放最有效的后处理技术。本文介绍了国内外柴油车的两种排放控制路线以及 SCR 技术的系统组成及工作原理，重点介绍了国外车用柴油发动机 SCR 技术的应用情况及还需解决的问题，对 SCR 技术的推广应用提出了建议。

工作原理：SCR 系统工作时，在电控单元的控制下，尿素泵将尿素从尿素罐中抽出，经加压、过滤后送到计量喷射单元；压缩空气经控制单元调压后也送到计量喷射单元。定量喷射阀打开后，车用尿素溶液在压缩空气的引向作用下射出，与压缩空气混合后经喷嘴喷入排气管，在废气温度和气流作用下气化分解为 CO$_2$ 和氨气，氨气作为还原剂将 NO$_x$ 还原为无污染的氨气和水。

1. 阅读材料，画出实现发动机中 NO_x 无害化处理的关键内容。

2. 发动机中 NO_x 无害化处理过程中经历了哪些化学变化？用化学方程式表示这些化学变化。（氮氧化合物用 NO_2 代表）

3. 尝试用流程图的形式表示发动机中 NO_x 无害化处理过程画出流程图。

4. 完成附 1 练习（P73）。
小结：分析解决以上问题的一般思路和具体方法。

任务三：学以致用分析问题

2017 北京 27（节选，改）　SCR 和 NSR 技术可有效低柴油发动机中的 NO_x 排放 NSR（NO_x 储存还原）工作原理：储存和还原在不同时段交替进行，如图所示。

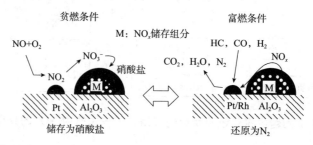

当催化转化器中 M 为金属氧化物（BaO）时，NO_x 的储存和还原过程可表示为：

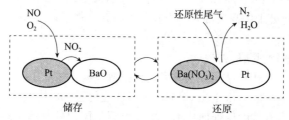

1. 通过 BaO 和 Ba（NO_3）$_2$ 的相互转化实现 NO_x 的储存和还原。储存 NO_x 的物质是_____。
写出 NO 被储存时发生的化学反应方程式。
2. 用氢气模拟还原性尾气研究 Ba（NO_3）$_2$ 的催化还原过程。该过程分两步进行。该过程相关物质浓度随时间的变化关系如图所示。

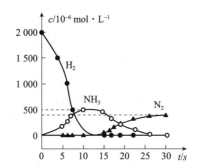

第一步反应消耗 H_2 与 $Ba(NO_3)_2$ 物质的量之比为_____。

第二步反应的化学方程式为_____。

3. 还原过程中，有时会产生笑气（N_2O）。用同位素示踪法研究发现笑气的产生与 NO 有关。在有氧条件下，^{15}NO 与 NH_3 以一定比例反应时，得到的笑气几乎都是 ^{15}NNO。该反应的化学方程式：_____。

4. NO_x 的储存和还原在不同时段交替进行如图所示。

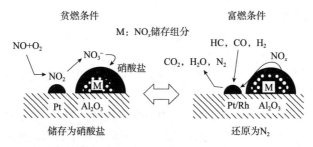

富燃条件下柴油不完全燃烧时会排放出碳氢化合物（C_xH_y）和 CO。

（1）写出 NO 被燃料不完全燃烧产生的 CO 还原的化学方程式_____。

（2）写出 NO 被燃料不完全燃烧产生的 C_xH_y 还原的化学方程式_____。

5. 通过学习你觉得在降低柴油发动机中的 NO_x 排放过程中 SCR 和 NSR 技术相比，NSR 技术的显著优点是什么？

附1　2017 北京 27（节选）

SCR 和 NSR 技术可有效降低柴油发动机在空气过量条件下的 NO_x 排放。

SCR（选择性催化还原）工作原理如图所示。

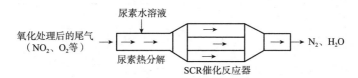

（1）尿素［CO（NH$_2$）$_2$］水溶液热分解为 NH$_3$ 和 CO$_2$，该反应的化学方程式：

_____。

（2）反应器中，NH$_3$ 还原 NO$_2$ 的化学方程式：_____。

（3）当燃油中含硫量较高时，尾气中 SO$_2$ 在 O$_2$ 作用下会形成（NH$_4$）$_2$SO$_4$，使催化剂中毒。用化学方程式表示（NH$_4$）$_2$SO$_4$ 的形成：_____。

五、课后练习

1. （2017 西城一模 26）As$_2$O$_3$ 在医药、电子等领域有着重要应用。某含砷元素（As）的工业废水经如下流程转化为粗 As$_2$O$_3$。

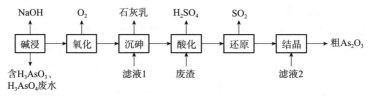

（1）"碱浸"的目的是将废水中的 H$_3$AsO$_3$ 和 H$_3$AsO$_4$ 转化为盐。H$_3$AsO$_4$ 转化为 Na$_3$AsO$_4$ 反应的化学方程式是_____。

（2）"氧化"时，1 mol AsO$_3^{3-}$ 转化为 AsO$_4^{3-}$ 至少需要 O$_2$ _____mol。反应离子方程式是_____。

（3）"还原"过程中 H$_3$AsO$_4$ 转化为 H$_3$AsO$_3$，反应的化学方程式是_____
_____。

2. （2016 北京 27）以废旧铅酸电池中的含铅废料（Pb、PbO、PbO$_2$、PbSO$_4$ 及炭黑等）和 H$_2$SO$_4$ 为原料，制备高纯 PbO，实现铅的再生利用。其工作流程如下：

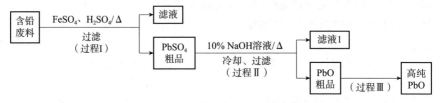

（1）过程Ⅰ中，在 Fe^{2+} 催化下，Pb 和 PbO$_2$ 反应生成 PbSO$_4$ 的化学方程式是

_____。

（2）过程Ⅰ中，Fe^{2+} 催化过程可表示为：

i：2Fe^{2+}＋PbO$_2$＋4H$^+$＋SO$_4^{2-}$ ══2Fe^{3+}＋PbSO$_4$＋2H$_2$O

ii：……

①写出 ii 的离子方程式：_____。

2. "化学平衡常数"教学设计

一、教材分析

本节课主要介绍化学平衡常数的定义、公式、表达时的注意事项、意义、应用及相关的计算方法。通过本节课的学习,了解如何定量描述化学反应的限度,引导学生从化学平衡状态的定义理解化学平衡常数,学会利用数据分析和解决化学平衡出现的问题,进而总结规律。学习化学平衡常数,一方面是对化学平衡知识的延伸和拓展;另一方面学好化学平衡常数的知识对后续探究溶液中离子平衡具有指导作用,因此起着承上启下的作用。

二、学情分析

在知识储备方面,学生已经学习过化学反应速率和化学平衡的建立、特征等方面的知识,初步掌握了化学平衡中有关反应速率、浓度的计算方法。在能力方面,该阶段学生已经具备了较强的观察能力,有一定的逻辑推理能力和分析问题、解决问题的能力。

三、教学目标

1. 知识技能

(1) 能准确书写化学平衡常数的表达式,并能指出 K 只与温度有关。

(2) 能利用三段式法进行简单的平衡常数运算。

2. 过程方法

(1) 通过对比各反应的平衡常数,能指出平衡常数可以定量描述化学反应的限度。

(2) 通过平衡常数的简单计算,理解平衡常数在计算平衡各组分组成、转化率、判断平衡移动方向等方面的应用。

3. 情感态度价值观

通过平衡常数的应用,培养学生的逻辑思维能力和定量研究问题的科学态度。

四、教学重点难点

教学重点:理解化学平衡常数的概念及化学平衡常数的简单计算。

教学难点:理解化学平衡常数与反应限度的内在联系。

五、教学方法

任务驱动、问题探究法、交流讨论法。

六、教学用具

多媒体教学设备、教学课件。

七、教学设计

教学设计见表1。

表 1　教学设计

主题	教师活动	学生活动	设计意图
	【实验】在针筒中存有 10 mL NO_2 气体，$2NO_2$ (g) $\rightleftharpoons$ N_2O_4 (g)，压缩活塞至 5 mL 时，保持不变的有哪些数据？	学生思考并回答：质量、原子总数……	利用所学知识分析，激发学生的学习兴趣，自然引入正题
认识平衡常数	【阅读教程 P29】1941 年科学家针对 H_2 (g) $+I_2$ (g) $\rightleftharpoons$ $2HI$ (g) 的实验数据中发现平衡常数 K。 从表格数据和 K 介绍部分，你可以提炼出关于你对 K 的认识。 【对比】425.6 ℃时，此反应 $K=$ 54.36。 书写出 $2NO_2$ (g) $\rightleftharpoons$ N_2O_4 (g) 平衡常数表达式。25 ℃ 时，$K=$ 6.80 mol/L；60 ℃时，$K=0.601$ mol/L	阅读教材，学习平衡常数 K。 归纳：(1) 温度不变时，K 为常数，$K=48.74$； (2) 常数 K 与反应的起始浓度大小无关； (3) 常数 K 与正向建立还是逆向建立平衡无关，即与平衡建立的过程无关。 (4) 平衡常数 K 只与温度有关，与浓度无关。 (5) 根据平衡常数 K 的大小，可推断反应进行的程度	通过比较、思考、讨论，得出结论，学会归纳、提升，形成理论。 培养学生的科学思维能力

主题	教师活动	学生活动	设计意图
认识平衡常数	【重新认识反应限度】在研究了大量实验的基础上，人们发现用平衡常数能定量描述化学反应的限度。 【附各反应的平衡常数】 发现不同的反应，反应的限度不同；相同的反应在不同温度下，限度也不同。针对教材 P29 表格中，显示的数据表明，同一个反应在相同温度下，达到平衡状态时属于 6 个不同的平衡状态，反应物的转化率不同，但平衡常数相同，也就是反应的限度相同	理解化学平衡常数与反应限度的关系。 分析表格数据，回答： K 的数值总是说明温度的； K 值可能带有单位。 不同反应 K 值不同，相同反应不同温度下 K 值不同。 $K>10^5$ 的反应进行得很彻底； $K<10^{-5}$ 的反应几乎不能进行。 K 值表达式中固体不计算在内。 小结：平衡状态的改变，反应限度（平衡常数）不一定改变。 反应限度（平衡常数）改变，平衡一定改变	形成化学平衡常数概念，加深对化学平衡常数概念的理解与认识
	【辨析】化学反应进行的程度与化学反应的剧烈程度。 仅依据 K 的变化，可以推断出：随着卤素原子核电荷数的增加，_____。 a. 在相同条件下，平衡时 X_2 的转化率逐渐降低。 b. X_2 与 H_2 反应的剧烈程度逐渐减弱	<table><tr><td>化学方程式</td><td>K（t_1）</td></tr><tr><td>$F_2+H_2 \rightleftharpoons 2HF$</td><td>$1.8\times10^{36}$</td></tr><tr><td>$Cl_2+H_2 \rightleftharpoons 2HCl$</td><td>$9.7\times10^{12}$</td></tr><tr><td>$Br_2+H_2 \rightleftharpoons 2HBr$</td><td>$5.6\times10^7$</td></tr><tr><td>$I_2+H_2 \rightleftharpoons 2HI$</td><td>$43$</td></tr></table>	与元素周期律的知识辨析

主题	教师活动	学生活动	设计意图
平衡常数的应用	【任务】工业上制取 H_2 的重要一步 $CO(g)+H_2O(g) \rightleftharpoons CO_2(g)+H_2(g)$ 在 1 200 ℃开始反应时，CO 和 H_2O 的浓度都是 0.010 0 mol/L，结合表格数据计算。 （1）实验到 t 时刻，CO、H_2O、CO_2、H_2 的浓度均相等时，反应是否达到平衡状态？如何判断？ （2）反应达到化学平衡状态时，你能得到哪些数据结论？在此过程中体会平衡常数的应用。 【追问1】向上述平衡结果中充入 0.004 00 mol/L 的 H_2O，CO 的转化率会如何变化？ 【追问2】若在起始时采用 0.010 0 mol/L CO，0.014 0 mol/L H_2O，相同温度下，CO 的转化率为多少？ 【追问3】此反应降低温度至 800 ℃时，如何处理上述一系列问题？	浓度商 Q 的使用：$Q<K$，反应向正向进行。 可得平衡时各组分的浓度和百分含量、CO 和水蒸气的转化率等。 定性表述：平衡右移，CO 转化率提高。定量计算，转化率从 40%提高到 46.88%。 定量计算，转化率为 46.88%。 归纳：（1）化学平衡状态的建立与反应过程无关。 （2）提高水蒸气的浓度，可以提高 CO 的转化率	使学生加深对化学平衡常数的应用认识； 通过学生自己思考，培养学生的逻辑思维能力和科学态度； 训练学生学以致用的能力
课堂收获	这节课，你有什么收获？	畅所欲言	学生是否真正理解平衡常数
总结	小结：平衡常数 K 可以直接反映出可逆反应进行的程度，是平衡移动方向的数据判定方法。其只受温度影响，与反应物或生成物的浓度无关，其随温度的变化反映了反应热的正负值。 （1）可以利用 Q 是否等于 K 判断是否达到平衡状态，并判断反应进行方向。 （2）改变某一条件（如浓度、温度）等，可以利用 K 判断平衡移动方向。 （3）K 是定量描述可逆反应限度的方法	理解	明确本节课研究平衡常数的真实意义所在

八、板书设计

板书设计如图1所示。

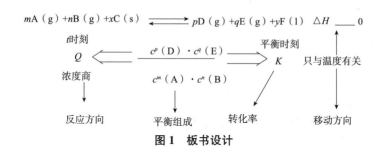

图1　板书设计

九、学案设计

化学平衡常数学案

任务1：分析数据，逐步认识 K（表2）。

表2　457.6 ℃下 H_2 (g) + I_2 (g) $\rightleftharpoons$ 2HI (g)

序号	起始时各物质的浓度			平衡时各物质的浓度			平衡转化率/%			物质的量分数/%			平衡常数
	H_2 10^{-2} mol/L	I_2 10^{-3} mol/L	HI 10^{-2} mol/L	H_2 10^{-3} mol/L	I_2 10^{-3} mol/L	HI 10^{-2} mol/L	H_2	I_2	HI	H_2	I_2	HI	$c(H_2) \cdot c(I_2)$
①	1.197	6.994	0	5.617	0.593 6	1.270	53.07	91.51		29.70	3.14	67.16	48.37
②	1.228	9.964	0	3.841	1.524	1.687	68.72	84.70		17.27	6.85	75.87	48.62
③	1.201	8.403	0	4.580	0.973 3	1.486	61.87	88.42		22.44	4.77	72.80	49.54
④	0	0	1.520	1.696	1.696	1.181			22.30	11.16	11.16	77.69	48.49
⑤	0	0	1.287	1.433	1.433	1.000			22.30	11.14	11.14	77.72	48.70
⑥	0	0	3.777	4.212	4.213	2.934			22.32	11.16	11.16	77.69	48.50
化学平衡常数平均值													48.70

问1：从物质浓度和平衡组成两个方面说明以上六组数据有何异同？

问2：查阅数据知：425.6 ℃，此反应 $K=54.36$ 比表中化学平衡常数平均值大。你认为 K 的大小反映出什么？并说明理由。

问3：综合以上分析，你认为平衡常数 K 不受什么因素的影响，受什么条件的影响？并表明依据。

问4：反应到某一时刻，是否存在 $\dfrac{c^2(HI)}{c(H_2) \cdot c(I_2)}$ 的数值？此数值与 K 的大小关系是什么？综合表2，以①、④为例，说明此数值如何变化。

任务 2：从 K 的角度认识反应限度。结合表 2，回答：

问 5：表 2 中共有_____种平衡状态，限度是否相同？

问 6：如何改变此反应的限度？_____

任务 3：K 的定量功能综合应用。

工业上制取 H_2 的重要环节：$CO(g) + H_2O(g) \rightleftharpoons CO_2(g) + H_2(g)$ $\Delta H < 0$。

在 800 ℃，$K = 1$，恒温恒容的容器中，起始时，CO、H_2O 的浓度均为 0.010 mol/L。

(1) 反应至 t_1 时刻，CO_2 的浓度为 0.002 0 mol/L。反应是否达到化学平衡？

【K 的定量功能_____】

(2) 反应达到化学平衡时，你能得到哪些数据？

【K 的定量功能_____】

(3) 在上述平衡状态下，充入 H_2O，使其浓度增加 0.005 0 mol/L，再次平衡时 CO 的转化率如何变化？

【K 的定量功能_____】

(4) 若相同条件下，起始时 CO、H_2O 的浓度分别为 0.010 mol/L、0.015 mol/L，则 CO 的转化率为_____。

问 7：说明（3）与（4）的异同，并由此得到的结论。

(5) 若将反应的温度升高到 1 200 ℃，你又如何处理（1）～（4）的问题？

十、教学反思

经过数次"反思—提高—再反思—再提高"、磨课及课后反思与改进，我对教材的理解、目标的制定、教学方法的设计、教学策略的选择、课件的修改等方面反复斟酌、推敲和完善，始终从高二学生的思维发展和实际情况出发，注重概念的生成过程，努力突破教学重点、难点，发展学生的核心素养。

3. "反应条件对化学平衡的影响"教学设计

一、指导思想与理论依据

"任务驱动"（Task-drive teaching）是一种建立在构建主义教学理论基础上的一种教学方法。它将学生的学习与任务相结合，以解决任务的方式来实现教学的目标，在整个教学过程中，教师以完成特定的任务为手段，将要得到的教学目标体现于任务之中，引导学生学会如何去发现问题、分析问题和解决问题，使学生通过完成任务达到掌握所学知识、培养学习能力的目的。在化学这样实践性较强的学科中合理运用"任务驱动"教学法，有利于激发学生学习化学的兴趣，培养学生自主研究和合作学习的能力。

本教学设计采用"任务驱动"的教学策略，以任务驱动为载体，借助 K 与 Q_c 之间的关系及实验问题研究，引导学生深入体会反应条件对化学平衡的影响，通过浓度验证实验的现象观察与分析，培养学生获取、处理信息的能力，初步感受理论指导实验，实验验证理论的现代化学科的研究方法。

二、教材分析

本节课是选修模块基本概念、基本理论学习的中间环节，承担着对前面知识的回顾、总结，以及深化和提升学生认识化学研究与应用价值的双重任务，为培养学生分析、处理实验数据及从数据中获得信息、总结规律的能力奠定了基础。同时，化学反应的限度是认识化学反应的一个必不可少的维度，起着承上启下的作用。

1. 知识类型、知识内容及其结构

知识类型：化学原理内容（化学平衡移动原理）。

知识内容及其结构：化学平衡移动概念的建立（正向移动、逆向移动）；浓度改变对平衡移动方向的影响及原因分析；控制反应条件在生产和科学研究中的意义（图 1）。

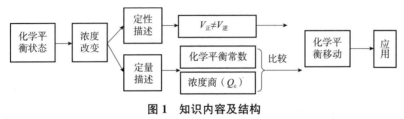

图 1　知识内容及结构

2. 知识价值

通过学习，认识反应条件的改变对化学平衡状态会产生影响，使化学平衡状态发生改变。因此，在生产、生活中，我们可以应用化学平衡移动原理，通过选择条件、改变条件，服务于生产、生活，获取最大效益。

在方法上，使学生在学习知识的过程中，学习研究问题的方法［在实践中发现问题—提出问题—分析研究问题—用所学理论解释问题—获得结论—应用结论（设计实验和解释实际问题）］。

三、学情分析

学生在高一《必修 2》中已经学习了可逆反应、化学平衡状态等相关知识，从定性角度研究一个可逆反应达到平衡状态时的特征。定量分析对于学生而言是难点，因此，本节课采用循序渐进的方法，引导学生探究将一个个数据最终转化成能够理解的规律和概念。

1. 学生已有的认知基础

知识基础：学生已经基本掌握化学反应速率和化学反应限度的概念及化学反应速率的计算方法，对影响化学反应速率的因素有了初步的了解；认识可逆反应、化学平衡的特征；对平衡移动有初步认识，知道当一定外界条件改变时，有可能会引起平衡移动。

能力起点：学生已经初步具备一定的化学实验能力（实验操作能力、实验观察能力、实验分析能力）、合作解决问题的能力和一定的语言表达能力，并初步具备应用所学知识解释、解决问题的能力。

2. 学生学习本节课的困难或可能出现的问题

实验能力的欠缺：实验基本操作能力（动手操作能力、实验有序性）差，实验操作阶段耗时较多；实验分析能力较差，缺乏从实验现象中发现、抽取、归纳总结规律的能力，难以获得实验结论；实验设计能力较差，缺乏设计有效实验检验理论预测的能力。

灵活运用知识的能力欠缺：缺乏应用所学知识解释、解决实际问题的能力，如应用浓度商（Q_c）、化学平衡常数（K）判据，预测、评价、解释平衡移动方向的问题。

四、教学设计流程简图

教学设计流程简图如图 2 所示。

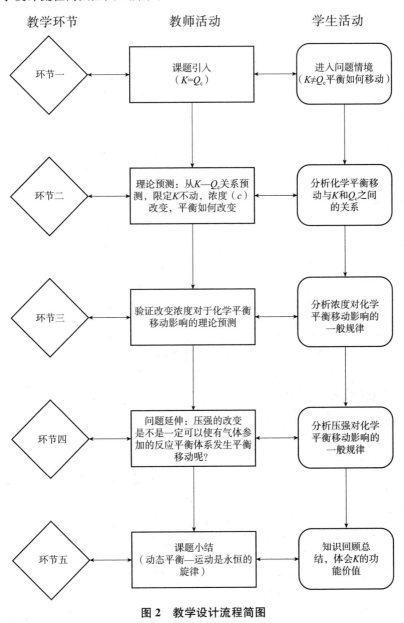

图 2　教学设计流程简图

五、教学目标

（1）能够运用 $K-Q_c$ 关系对浓度、压强对于化学平衡的影响做初步的理论分析，通过实验验证得出改变浓度对于化学平衡的影响。

（2）通过 $K-Q_c$ 关系的理论分析与推理，初步获得预测、研究平衡移动问题的基本思路和方法。

（3）通过浓度验证实验的现象观察与分析，培养获取、处理信息的能力，初步感受理论指导实验，实验验证理论的现代化学科学研究方法。

（4）通过理论分析和实验验证，体会现代化学研究中理论与实验的相互促进关系，激发对化学科研的热爱。

六、教学重点

利用 $K-Q_c$ 关系分析浓度对于化学平衡的影响。

七、教学难点

（1）通过"浓度对化学平衡的影响"的实验探究，培养设计实验的能力，以及分析实验现象并获取有价值信息的能力。

（2）通过实验探究解决问题的一般程序与方法。

八、教学方法

任务驱动，实验探究。

九、突破策略

（1）以任务驱动为导向。在实验探究活动过程中，能够适时提出引发学生思考的问题，用问题引导学生深入分析、思考现象产生背后的原因，并促使学生应用所学理论解决、解释学习过程中出现的问题。

（2）提供充分的实践机会，让学生在动手过程中学习。

十、教学过程

教学过程设计见表1。

表1　教学过程设计

主题	教师活动	学生活动	设计意图
环节一：理论依据的建立	【引入】上一节课，我们认识了化学平衡的核心概念 K。任意可逆反应 $xA(g)+yB(g) \rightleftharpoons pC(g)+qD(g)$ $K=Q_c$ 是表征反应达到平衡状态的本质的思维模型。 【问题】对已达到平衡的反应，能否使其再次启动，达到新的平衡状态，使生成物浓度进一步增加？ 可逆反应中旧化学平衡状态的破坏、新化学平衡状态的建立过程称为化学平衡的移动。 哪些条件可能打破 $K=Q_c$ 的关系呢？	理解 K 的功能之一：当某一时刻浓度商 $Q_c=K$ 时，即反应达到了平衡状态。 理解化学平衡移动的概念。 【引导分析】根据 $K=Q_c$ 进行分析，若要使得二者不等：①改变 K。②改变 Q_c 从而获得使平衡移动的外界条件	初步形成利用 $K-Q_c$ 关系分析影响平衡状态的思路，认识平衡移动规律
环节二：反应条件对平衡影响的理论预测	【任务1】理论预测 已知反应在 25 ℃ 达到平衡状态。 $A(g)+2B(g) \rightleftharpoons C(g)+D(g)$ $\Delta H>0$ 写出该反应的任意时刻浓度商的表达式。 从 $K-Q_c$ 关系预测，限定 K 不动，哪些条件的改变可以使该平衡向正反应方向移动？提出你的理论依据。 独立思考，完成相应学案，再分组讨论。 【交流总结】 【问题】根据实验结果，提取浓度对化学平衡移动影响的一般规律	明确 Q_c、K 的含义，并根据 $K=Q_c$ 进行分析：若要使平衡移动，则 $K \neq Q_c$，限定 K，则改变 Q_c，从而获得使平衡移动的外界条件，即减小 Q_c。 <table><tr><td>改变条件</td><td>预测依据</td></tr><tr><td></td><td></td></tr><tr><td></td><td></td></tr></table> 【回答】其他条件不变时，增大反应物浓度或减小生成物浓度，$Q_c<K$，平衡正向移动；减小反应物浓度或增大生成物浓度，$Q_c>K$，平衡逆向移动	初步形成利用化学平衡的本质 $K-Q_c$ 关系分析影响平衡状态的思路，并运用二者关系大胆预测平衡移动规律

主题	教师活动	学生活动	设计意图
环节三：利用实验验证改变浓度对化学平衡的影响	【过渡】利用 $K-Q_c$ 关系，提取的浓度一般规律似乎可以忽略 K：只要知道改变是什么，就能直接判断平衡移动方向，那么规律是否正确呢？真实的情况是不是这样的呢？眼见为实，我们通过实验验证。 【任务2】实验验证 　　任选以下任意反应为研究对象： （1）$Cr_2O_7^{2-}+H_2O \rightleftharpoons 2CrO_4^{2-}+2H^+$ （2）$Fe^{3+}+3SCN^- \rightleftharpoons Fe(SCN)_3$ 　　请先利用所给试剂，以小组为单位完成方案设计，再根据设计方案完成实验操作，与理论预测对照。 　　注意：控制变量、做空白对比	【完成实验任务】 （1）写出该反应的 Q_c 表达式。 （2）探讨改变浓度对于平衡的影响。 （3）根据方案，进行实验。 【汇报交流】 改变浓度的措施 / 实验方案 / 实验现象及结论	明确科学探究的一般步骤思路：理论预测，实验验证，提取一般规律
	【附加追问】问题1：取平衡溶液，向其中加等体积的水。现象如何解释？ （1）"因为平衡移动，所以使溶液颜色变浅"的说法是否科学严谨？ （2）加水后浓度发生明显改变的只有一种组分吗？ 　　此时还适用于以上一般规律吗？ （3）加入等量的水，与原平衡相比，多组分浓度都减小了，如何判断平衡是否移动？如果动，怎么移动的？ 　　问题2：加入等浓度、等体积 $FeCl_3$ 溶液和 KSCN 溶液，颜色变化不一样，如何解释？	颜色变浅。观察思考，回答问题。 【回答】利用 $K-Q_c$ 关系进行验证。 得出结论	体会 K 的神奇和功能价值。 认识到分析平衡移动问题最核心本质的方法是利用 $K-Q_c$ 关系。 渗透实验控制变量的两种常见思路

主题	教师活动	学生活动	设计意图
环节四：问题延伸	【反思总结】重新整理浓度改变对平衡移动的影响。 处理改变单一组分问题，我们可以利用刚才所得到的结论，快速地判断反应进行的方向，但对于多组分浓度改变的时候，要回归最本质、最核心的判断方法——$K-Q_c$ 的关系。 压强的改变是不是一定可以使有气体参加的反应平衡体系发生平衡的移动呢？ 下一节课，我们将具体讨论	倾听，理解。体会 K 的功能价值。 思考改变压强对平衡移动的影响	使学生充分认识平衡移动最核心的本质内涵，从而建立解决相关问题的科学思维方式
环节五：课堂小结	（1）科学知识：从速率变化和平衡常数两个角度认识浓度对化学平衡移动的影响，由定性判断到定量判断；用 $K=Q_c$ 判断化学平衡移动。 （2）哲学观点：动态平衡——运动是永恒的旋律。 （3）研究方法：控制变量，实验探究影响化学平衡的条件。 （4）科学之美：化学平衡常数具有高度凝练的简约之美	本节课学习了一个新的知识点——化学平衡常数（K）与浓度商（Q_c）的关系，主要内容如下： （1）浓度商表达式的书写。 （2）分析化学平衡移动与 K 和 Q_c 之间的关系。 （3）分析浓度对化学平衡移动影响的一般规律。 （4）分析压强对化学平衡移动影响的一般规律。 （5）体会 K 的功能价值	培养学生完善知识系统总结的习惯
板书设计	反应条件对化学平衡的影响 增大反应物浓度或减小生成物浓度，$Q_c<K$，平衡正向移动； 减小反应物浓度或增大生成物浓度，$Q_c>K$，平衡逆向移动		
教学反思	本部分知识授课难点主要是如何把握教材的深度，如何遵循循序渐进的教学原则，使学生较好地掌握该部分知识的课标要求。对于有难度知识的学习是通过合作学习和探究教学完成的，充分调动学生的积极性，培养学生合作学习的能力，为后续学习从方法上到过程上都打下了坚实的基础		

十一、课后练习

在一定体积的密闭容器中，进行如下化学反应：CO_2 (g) $+H_2$ (g) $\Longleftrightarrow$ CO (g) $+$ H_2O (g)。其化学平衡常数 K 和温度 T 的关系见表 2。

表 2 K 与 T 的关系

$T/℃$	700	800	830	1 000	1 200
K	0.6	0.9	1.0	1.7	2.6

回答下列问题：

(1) 该反应的化学平衡常数表达式 $K=$ _____。

(2) 该反应为 _____ (填"吸热"或"放热")反应。

(3) 某温度下，平衡浓度符合下式：c (CO_2) $\cdot c$ (H_2) $=c$ (CO) $\cdot c$ (H_2O)，试判断此时的温度为 _____℃。该温度下加入 1 mol CO_2 (g) 和 1 mol H_2 (g)，充分反应，达到平衡时，CO_2 的转化率为 _____。

(4) 在 800 ℃时，发生上述反应，某一时刻测得容器内各物质的浓度分别为：c (CO_2)为 2 mol/L，c (H_2) 为 1.5 mol/L，c (CO) 为 1 mol/L，c (H_2O) 为 3 mol/L，则反应 _____ (填"正向进行""逆向进行"或"处于平衡状态")。

4. "原电池"教学设计

一、教学要求

课标与大纲要求比较见表1。

表1　课标与大纲要求比较

现行高中大纲	新课标标准	所在教材
原电池原理（以铜锌原电池为例）	举例说明化学能与电能的转化关系及其应用	必修2
	体验化学能与电能相互转化的探究过程，了解原电池和电解池的工作原理，能写出电极反应和电池反应方程式	选修4

能力要求梯度见表2。

表2　能力要求梯度

必修2	只要求描述铜锌原电池发生的变化
选修4	从得失电子的角度知道铜锌原电池的电极反应式的书写，能应用原理设计原电池装置
高考	能系统地从电极类型、反应类型及得失电子守恒、反应物质所处的溶液环境的角度书写电极反应式和总反应式

二、教材内容

教材思路：从氧化还原反应本质——电子转移角度提出问题（通常反应无电流），引出带盐桥的原电池装置，进而学习原电池工作原理，探究设计原电池。

教材深广度：利用氧化还原反应原理、金属活动性顺序、电学基础知识判断原电池的正负极和电极反应产物，选择原电池电极材料和电解质。

三、教材分析

"原电池"一节为选修4《化学反应原理》第四章第一节的内容，它是在必修2已学内容"无盐桥原电池，电极反应知识"基础上的再认识，通过进一步介绍原电池组成和工作原理，通过对闭合电路形成过程的分析，引入盐桥、半电池、内电路、外电路等概念，拓展了产生持续稳定电流的途径。另外，本节内容是下一节化学电源的理论基础，化学电源是原电池原理的具体应用，而且对学生学完第三节电解池后对二者认识区别，从而对电化学研究和应用形成概貌性认识有很大的帮助。

四、学情分析

（1）学生认知发展分析：学生在必修化学 2 中学习了由锌片、铜片和稀硫酸溶液组成的简单原电池，初步了解了原电池原理。学生将要学习的新知识：通过学习带有盐桥的较复杂的原电池，进一步认识原电池的构成和反应原理，了解半电池、盐桥、内电路、外电路等概念，了解设计原电池选用正、负电极的原则，能够写出相关的电极反应式和电池反应方程式。

（2）学生认知障碍分析：对氧化还原概念的理解不到位，从已知反应物及产物中提取信息困难，从而不能正确地判断电极；对电解质溶液中实际导电的微粒认识不清，不理解电荷定向移动的原因，无法描述微观中电解质溶液导电的基本画面，造成死记硬背，从而出现在判断上的硬伤，不能形成离子定向移动与氧化还原反应的思维链接，造成相关信息的提取错误。

因此，教学中要注意：理论基础：氧化还原反应，微粒观（电极反应式的书写），守恒、正负相吸；核心问题：方向、顺序、量、快慢。

五、教学目标

1. 知识与技能目标

（1）回顾必修 2 关于原电池的知识，认识原电池定义、本质及构成条件。

（2）对比单液电池和双液电池实验现象，进一步认识构成原电池的条件，并认识盐桥，了解盐桥的作用。

（3）通过分析单液电池和双液电池的电极反应、电子流向、离子移动方向，能进一步从氧化还原角度明确原电池工作原理，并能够写出电极反应式和电池反应方程式。

（4）通过问题讨论和设计原电池的练习，掌握原电池正负极判断方法，初步学会设计简易原电池。

2. 过程与方法目标

（1）通过复习旧知识，在旧知识的基础上设计简单的单液原电池，建立原电池模型。

（2）通过学生实验探究及对改进实验的分析、对比，使学生能利用实验探究、分析、解决问题。

（3）通过总结原电池正、负极判断方法和设计原电池活动，增强学生的思维能力和知识整合、应用能力。

3. 情感态度与价值观目标

（1）通过对旧知识的复习和应用、分析，培养学生温故而知新的学习习惯。

（2）通过小组实验和讨论，使学生在合作中相互启发，体验探究的科学精神和探究的乐趣。

（3）通过对比分析的过程，培养学生透过现象看本质的科学态度和良好的思维习惯。

六、教学重点难点

教学重点：1. 原电池工作原理；

     2. 正、负极判断方法；

     3. 设计原电池的思路。

教学难点：盐桥的作用；如何设计原电池。

七、教学过程

教学过程见表3。

表3　教学过程

教学环节	教师活动	学生活动	设计意图
引入	【引入】电池能将化学能转化为电能。你对实际使用的电池有多少了解呢？如何认识这些电池的组成和工作原理呢？原电池是模型，那么在原有的原电池知识基础上有必要进行更多的学习	观看幻灯片，了解日常生活及工农业生产中的各种电池。学生思考	激发学生的好奇心，使学生认识到学习本节内容的重要性
复习原电池	【问题1】什么是原电池？ 【问题2】组成原电池的条件有哪些？ 【小结】原电池的定义、本质及构成条件	回忆并回答问题。 学生带着问题看课本，分析讨论解决问题，为后面的实验探究打好基础	明确学习任务。让学生解决问题，调动学习积极性
实验探究单液电池和双液电池，再认识原电池	【实验探究】请根据反应和现有材料：$Zn+CuSO_4=ZnSO_4+Cu$ 设计一个原电池，并进行实验。 用品：铜片、锌片、导线、硫酸铜溶液。 【提问】1. 两极上各发生怎样的反应？如何用反应式来表示？ 2. 装置中电子流向和电流方向分别是怎样的？ 3. 两电极谁是正极？谁是负极？	学生动手实验，观察两极变化及电流计变化。 学生依据实验现象，通过交流讨论得出结论。	让学生亲自动手实验，培养学生的动手能力、观察能力。 引导学生分析问题、解决问题，能从氧化还原角度认识原电池原理，学习书写电极反应式和总反应式。

教学环节	教师活动	学生活动	设计意图
实验探究单液电池和双液电池，再认识原电池	4. 该电池的电流是否稳定？可能是什么原因导致的？ 【过渡】能否对现有原电池进行改进，使它产生持续稳定的电流呢？ 【演示实验】锌铜原电池。 介绍其组成和盐桥作用。 【讲述】此电池的优点：能产生持续、稳定的电流。 【提问】此电池的两极发生的反应和改进前的原电池一样吗？反应式呢？电子和电流方向呢？电极呢？ 【动画演示并讲解】铜锌原电池工作原理。 【提问】溶液中离子流向如何？ 【小结】结合单液原电池和铜锌原电池，明确原电池构成条件。 【过渡】如果给你一个原电池，结合以前和今天所学知识，如何判断电池正、负极呢？ 【小结】判断原电池正、负极的方法	观察并描述实验现象，讨论原因。 学生思考：聆听、思考。 学生比较、思考、讨论、回答。 聆听并思考、填写学案。 思考并回答、填写学案。 思考总结。 得出多种方法	从理论上对实验事实进行分析。 引发学生兴趣。 了解双液电池的组成和盐桥的作用。 培养学生比较、分析、总结能力。 强化原电池工作原理并了解内电路、外电路的概念。 培养分析能力。 明确并强化原电池构成条件。 学生在思考解决这个问题时，对原电池原理进行全面的回顾，并为设计原电池做准备
设计原电池	【过渡】如果提供一个氧化还原反应，你能把它设计成原电池吗？ 【活动】根据反应设计原电池 $Cu+2AgNO_3=2Ag+Cu(NO_3)_2$。 【提示】(1)拆分氧化反应和还原反应，确定正、负极的电极反应。 (2)确定电极材料及电解质。 (3)画出示意图(注明正负极、外电路电子流向)。 【小结】设计原电池的思路	思考、讨论并回答。 思考、讨论、交流，进行设计	培养学生分析能力、全面整合原电池知识的能力
本节课小结	【小结】本节课主要是再认识原电池形成条件、工作原理及如何运用原理设计原电池	倾听、思考、记笔记 倾听、思考	使认知系统化

教学环节	教师活动	学生活动	设计意图
板书设计	第四章第一节　原电池 一、原电池 1. 定义 2. 铜锌原电池工作原理（负氧正还） 电极反应：负：$Zn - 2e^- = Zn^{2+}$ 　　　　　正：$Cu^{2+} + 2e^- = Cu$ 总反应式：$Cu^{2+} + Zn = Cu + Zn^{2+}$ 二、形成条件 三、正负极判断 四、设计原电池		

八、教学反思

通过学习本节课，体验化学能与电能相互转化的探究过程；进一步了解原电池的工作原理和构成原电池的条件；能够写出两个电极反应式和电池反应方程式。通过分组实验培养观察能力与分析思维能力，通过实验培养以问题为中心的学习方法。学会发现问题、解决问题的方法。

本节课主要采取了以下措施：

（1）在重点和难点的把握上，注重思路的形成与应用，让学生在解决问题的过程中体会电化学问题的基本分析方法，让学生上完课后再遇到电化学问题可以用比较明确的思路和方法进行分析。

（2）在整体环节设计上，注重学生思维的延续性。由建构主义思想，设计问题时，以已知的基本知识为起点，螺旋式进行提升。实施过程，先根据必修 2 已学的知识点回顾基本知识，通过思维的条理化形成思路，将思路应用于实际问题的解决过程，在实践中积累经验，强化思路，然后根据经验和思路解决更深入的问题，最后回归新课程标准要求，再进行反思，整体设计连续性比较强，梯度合适，且结构比较紧凑。

（3）在学生的自主性方面，采取了不同于以往的分析讨论，再次回归新课程标准要求，在课上让学生先对自己存在的问题进行反思，然后选择性地对自己的问题进行针对性的解决。与此同时，对学生进行学法指导，鼓励学生随时反思自己，明确自己学习上的问题，有针对性地进行解决，提高学习效率。

在实施过程中，还存在以下问题：

（1）只顾解决问题，"绿色"思想的渗透不是非常突出，这与新课程标准的基本理念存在一些出入，新课程标准的意识还有待加强。

（2）思路方法的归纳总结给学生的空间不够。应该让学生在实践过程中充分体会，自己总结方法，充分发挥学生的主观能动性。

总之，通过本节课的准备，我积累了非常宝贵的备课经验，对以后的教学工作有很好的指导意义。

5. "元素周期律相关实验之性质比较"教学设计

一、指导思想与理论依据

构建主义理论认为,学习过程不是学习者被动地接受知识,而是积极地建构知识的过程。学习不是教师向学生传递知识的过程,而是学生建构自己的知识和能力的过程。本节课学生运用周期律知识完成综合实验设计和评价问题,自主复习周期律知识,并建构完善的知识体系。通过思维的碰撞、渗透、磨合,带领学生进入理解和感悟的空间。

二、教学背景分析

【课标要求】

(1)通过同一短周期或同一主族元素性质的递变规律和原子结构的关系,理解元素周期律的实质。

(2)通过金属、非金属在周期表中的位置及其性质递变规律,理解元素的原子结构、元素在周期表中的位置和元素性质三者之间的相互关系。

【教材分析】

元素周期律涉及人教版必修2第一章内容,也是中学化学中比较重要的理论基础。周期律与化学实验相结合则属于理论与实验的结合。该部分内容主要考查学生对元素周期律的内容及本质的理解和应用。通过本节课的学习,促使学生对以前学过的知识进行概括、综合,实现由感性认识上升到理性认识;同时,也能使学生以此为理论指导,来探索和研究综合化学知识。

【学情分析】

知识结构分析:本班学生基础相对较好,沟通能力强,勇于表达自己的想法。

信息素养分析:学生能够从文字资料中筛选出自己所需的信息,但对信息的审读能力不是很全面。遗漏信息、误读信息是学生完成习题的一个不可忽视的障碍。

学习需要分析:从短期目标高考分析,进入高三的学生高考意识比较强,需要强化练习高考题,尤其是高考题中的热点问题,能够构建自己的知识体系。从长期目标、个人的长远发展分析他们需要提高表达、与人合作、处理信息的能力。

心理状态分析:学生进入高三后,既想跳出题海,又不敢跳出题海。忙于做完题、做很多题而不是清楚去做一道题,做到举一反三。

三、教学目标

1. 知识与技能

(1)通过卤素单质颜色的对比,能准确描述验证卤族元素单质的方法。

（2）能通过元素周期律的知识，从原子结构角度解释单质的氧化性或还原性强弱。

2. 过程与方法

（1）通过自行设计方案与教材实验方案的对比，体验控制变量的方法。

（2）通过实验方案的设计和评价，提高语言叙述的规范严谨和条理性的认识。

（3）能在同主族元素的学习基础上进行类比迁移，分析同周期元素结构的递变规律，预测并解释同周期元素金属性、非金属性的递变规律，构建元素周期律。

3. 情感态度价值观

（1）感受元素周期律在化学实验、科学研究和生产实践中的重要作用。

（2）加深对分类法、归纳法等科学方法的认识，提高论证能力及逻辑推理能力，发展证据推理与模型认知的核心素养。

4. 核心素养

（1）宏观辨识与微观探析：了解元素原子核外电子排布、原子半径、主要化合价和元素金属性、非金属性的周期性变化。

（2）变化观念与平衡思想：认识元素性质的周期性变化是原子核外电子排布周期性变化的结果，从而理解元素周期律的实质。

（3）证据推理与模型认知：重视理论推理，借助实验和事实分析，应用归纳法和演绎法，培养学生的逻辑思维能力，通过引导学生观察分析实验现象，培养学生的观察和分析问题的能力。

（4）科学精神与社会责任：了解元素周期律的重要意义，认识事物变化由量变引起质变的规律，对学生进行辩证唯物主义教育，从元素周期律的导出，培养学生学习自然科学的兴趣及探求知识、不断进取的优良品质。

四、教学重点

元素周期律在化学实验中的应用。

五、教学难点

能在同主族元素的学习基础上进行类比迁移，分析同周期元素结构的递变规律，预测并解释同周期元素金属性、非金属性的递变规律，构建元素周期律，掌握化学实验中控制变量的方法。

六、问题框架

问题框架如图 1 所示。

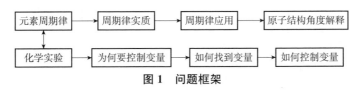

图 1　问题框架

七、教学流程

教学流程如图 2 所示。

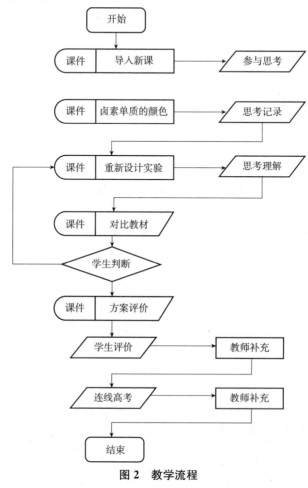

图 2　教学流程

八、教学过程

教学过程见表 1。

表 1　教学过程

教学环节	教师活动	学生活动	设计意图
环节 1：引入	展示学生作业 常见错误答案： 【目标检测 P68－13－（4）设计一个实验方案，比较 Cl_2 和 Br_2 的氧化性的强弱】	观看、对比	通过具体错误引发学生关注

教学环节	教师活动	学生活动	设计意图
环节2：重新设计	展示卤素单质及在不同溶剂中的颜色	观看	了解颜色与浓度、溶剂均有关系
	任务1　设计实验比较卤素单质 Cl_2、Br_2、I_2 的氧化性强弱	思考、设计、回答	针对问题，重新修正
	对比教材设计（必修2 P9 实验1—1）		回归教材，注意细节；控制变量思想的体现
	从原子结构角度解释原因	个别回答思考	对问题的深入思考和解释
环节3：评价其他方案	某化学小组用下图装置验证卤族单质 Cl_2、Br_2、I_2 氧化性依次减弱	思考回答（控制变量、尾气处理等）	对实验方案评价角度的认识；控制变量思想的第二次体现
	比较金属镁和铝的金属性：取一小段镁带和一小片铝，打磨去除氧化膜，分别放入两支试管，再各加入稀盐酸，观察发生的现象		
	对比教材：取一小段镁带和一小片铝，用砂纸磨去它们表面的氧化膜，分别放入两支试管，再加入 2 mL 1 mol/L 盐酸，观察发生的现象		回归教材，注意细节描述

对比教材设计（必修2 P9 实验1—1）

实验	现象	化学方程式
1. 将少量氯水分别加入盛有 NaBr 溶液和 KI 溶液的试管中，用力振荡后加入少量四氯化碳，振荡、静置		①$2NaBr+Cl_2$$\Longrightarrow$$2NaCl+Br_2$ ②
2. 将少量溴水加入盛有 KI 溶液的试管中，用力振荡后加入少量四氯化碳，振荡、静置		③

续表

教学环节	教师活动	学生活动	设计意图
环节4： 连线高考	【2010北京高考27题】 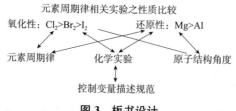 实验过程： Ⅰ.打开弹簧夹，打开活塞a，滴加浓盐酸。 Ⅱ.当B和C中的溶液都变为黄色时，夹紧弹簧夹。 Ⅲ.当B中溶液由黄色变为棕红色时，关闭活塞a。 Ⅳ.…… （1）A中产生黄绿色气体，其电子式是_____。 （2）验证氯气的氧化性强于碘的实验现象是_____。 （3）B中溶液发生反应的离子方程式是_____。 （4）为验证溴的氧化性强于碘，过程Ⅳ的操作和现象是_____。 （5）过程Ⅲ实验的目的是_____。 （6）氯、溴、碘单质的氧化性逐渐减北的原因：同主族元素从上到下_____，得电子能力逐渐减弱。	思考、回答	高考试题考查方式、方法；控制变量思想的第三次体现

九、板书设计

板书设计如图3所示。

元素周期律相关实验之性质比较

氧化性：$Cl_2 > Br_2 > I_2$　　　　还原性：$Mg > Al$

元素周期律　　化学实验　　原子结构角度

控制变量描述规范

图3　板书设计

十、教学反思

首先，本节课达到了事先设置的目标，很好地完成了元素周期律中相关实验的主要部分。主要问题如下：

（1）由于缺少提前预习和充分的思考，一些学生对本节课的目的不明确，过程不熟悉，面对问题思考不够深入。启示：要想让学生充分活动，就要给他们足够的时间进行准备和思考，效果就会大有改观。

（2）提高学生的实验能力和综合分析能力是一项艰巨的任务。学生的薄弱环节只有在实践活动中才能暴露出来，也只有通过实践才能逐步得到克服。我们应当为学生创造更多的实践机会。

（3）学生对于语言的组织能力、描述规范性有待进一步提高。

十一、课后练习

在温度 t_1 和 t_2 下，X_2（g）和 H_2 反应生成 HX 的平衡常数见表2。

表2　平衡常数

化学方程式	K（t_1）	K（t_2）
$F_2 + H_2 \rightleftharpoons 2HF$	1.8×10^{36}	1.9×10^{32}
$Cl_2 + H_2 \rightleftharpoons 2HCl$	9.7×10^{12}	4.2×10^{11}
$Br_2 + H_2 \rightleftharpoons 2HBr$	5.6×10^7	9.3×10^6
$I_2 + H_2 \rightleftharpoons 2HI$	43	34

（1）已知 $t_2 > t_1$，HX 的生成反应是＿＿＿＿＿＿＿反应（填"吸热"或"放热"）。

（2）HX 的电子式是＿＿＿＿＿＿＿＿＿。

（3）共价键的极性随共用电子对偏移程度的增大而增强，HX 共价键的极性由强到弱的顺序是＿＿＿＿＿＿＿＿＿＿。

（4）X_2 都能与 H_2 反应生成 HX，用原子结构解释原因：＿＿＿＿＿＿＿＿

＿＿＿＿。

（5）K 的变化体现出 X_2 化学性质的递变性，用原子结构解释原因：＿＿＿＿＿

＿＿＿＿＿＿＿，原子半径逐渐增大，得电子能力逐渐减弱。

（6）仅依据 K 的变化，可以推断出：随着卤素原子核电荷数的增加＿＿＿＿＿（选填字母）。

a. 在相同条件下，平衡时 X_2 的转化率逐渐降低

b. X_2 与 H_2 反应的剧烈程度逐渐减弱

c. HX 的还原性逐渐减弱

d. HX 的稳定性逐渐减弱

6. "硫的氧化物——二氧化硫"教学设计

一、指导思想与理论依据

新课程标准对本课的要求是：通过实验，了解 SO_2 的主要性质，认识其在生产中的应用和对生态环境的影响。依据新课程标准，本课通过创设生活情境引出 SO_2 的学习，通过类比和实验探究得出 SO_2 的性质，通过性质推测出 SO_2 的用途和危害，最终联系生活结束本课。本课的设计意图并未仅停留在对 SO_2 性质的学习，课改后的高中化学课程结构凸显学科思想方法。在课堂教学中，不仅要关注知识，同时还应关注学习过程，关注学习方法的培养，重视学生的情感体验，所以，本课设计的最终目的是通过对 SO_2 性质的学习，提升到物质性质研究方法的高度，并以三维坐标图的形式加以落实。

探究式教学是在教师的指导下，以学生为主体，学生自觉主动地探索，掌握解决问题的方法，研究客观事物的属性，发现事物发展的起因和事物内部的联系，从而找出规律，形成自己的概念，并为学生终身学习和工作奠定基础。本课设计正是基于以上理论，通过情境信息引出 S 化合价可变，学生通过 S 的变价，猜测 SO_2 具有氧化性和还原性，通过实验设计，操作实验，对现象观察思考，讨论交流，最终归纳总结出 SO_2 具有氧化性和还原性。

绿色化学又称环境友好化学，其特点之一就是在无毒、无害的条件下进行，以减少废物向环境排放。作为中学化学教师，将绿色化学教育理念贯穿于教学过程是非常重要和必要的，本课的实验设计都尽可能体现环保理念，均采用微型实验和封闭实验，尽可能避免 SO_2 在空气中的扩散，让学生不断感受和体会绿色化学理念，从而建立环保意识。

二、教学背景分析

1. 教材内容分析

本课是初中 CO_2、高中典型金属钠铝铁、典型非金属 Cl_2 等课的后续课程，学生已经掌握了 CO_2 是酸性氧化物的知识，为从分类观层面学习 SO_2 的性质做了知识储备，本课前学生刚学习了 Cl_2 既有氧化性又有还原性，为学生从氧化还原角度探究 SO_2 的性质奠定了知识基础，对 SO_2 性质的学习也为后续 SO_3、NO_x 及改善大气质量等知识的掌握做了铺垫。本课的社会价值：SO_2 与严重的环境污染息息相关，但同时 SO_2 又是生活中常见的漂白剂和抗氧化剂，因此，本课能够让学生很好地体会以全面观点看待问题的哲学思想。本课的学科价值：SO_2 的学习再次巩固、落实了物质分类和氧化还原的知识，并在总结提升环节，学生利用三维坐标图的形式，展现自己的思维轨迹，形成物质性质的研究方法，同时，实验探究贯穿本课始末，所以本课也很好地体现了学科实验价值。

2. 学生情况分析

高一学生，在心理方面，表现为好奇心强、表现欲强。通过前测，我了解到学

生对 SO_2 的认识多数和污染相关，对其漂白、杀菌等用途知之甚少，因此，学生对问题全面分析的能力有待提高。知识上从物质分类角度，已掌握 CO_2 是酸性氧化物；从氧化还原角度，已了解 Cl_2 既是氧化剂又是还原剂，但前测中学生普遍感觉元素化合物的知识学起来比较杂乱，对包括 SO_2 在内的物质性质研究方法有待进一步形成。能力上，有一定的分析、思考、交流能力，但通过小组合作完成实验探究能力有待进一步提升。

三、教学目标

1. 知识与技能

（1）通过对二氧化硫性质的预测，掌握性质预测的两个维度，即类别通性和氧化还原性。

（2）通过对二氧化硫的类别通性的实验设计，建立性质探究实验的原型。

（3）通过对二氧化硫氧化性、还原性的实验设计，巩固实验原型，通过实验报告的设计，深化实验探究线和性质探究线两条主线。

2. 过程与方法

（1）通过小组实验探究二氧化硫的性质等，提高实验设计能力、观察能力、分析能力、探究能力和合作学习能力。

（2）通过实验探究、理论分析探究二氧化硫的性质，体验科学探究的过程和科学思维方法，提高分析、解决问题的能力。

3. 情感态度价值观

（1）通过了解二氧化硫的性质、用途，进一步认识化学在生活中的作用，进一步认识化学的价值。

（2）通过实验设计的微型化和环保化操作，形成科学的态度，增强环保意识、节约意识和社会责任感。

四、教学重点

二氧化硫的化学性质。

五、教学难点

二氧化硫的还原性，性质探究实验原型的建立。

六、教学策略

从生活走进化学、从理论引导分析、从实验探究知识、从化学走向社会是中学化学教学的四大主题。根据这一点，我们设计了以观察生活→理论分析→实验探索→回归生活为主线的学习途径，具体内容见表1。

表 1　学习途径

学习途径	具体内容
观察生活	用化学视野感受生活，从身边的素材感知二氧化硫的性质
理论分析	用物质分类和氧化还原理论结合二维图工具分析二氧化硫的性质
实验探索	设计实验探索二氧化硫的性质，培养实验探究能力
回归生活	用化学原理和方法认识生产、生活中的一些现象，并解决实际问题

在此基础上形成一套学习元素化合物的通用方法。通过多选取生活中的素材，增加学习的兴趣和动力，从而掌握二氧化硫的性质，了解二氧化硫对空气的污染，树立环保意识。

七、教学资源

课前预习：通过二维图（图1）让学生对硫及其化合物进行系统认识，为 SO_2 的学习提供帮助。

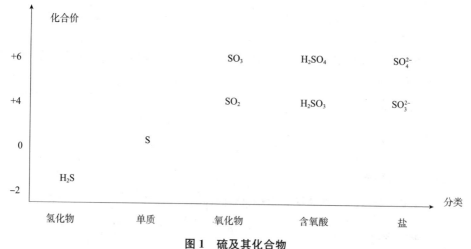

图 1　硫及其化合物

八、教学过程

教学过程见表 2。

表 2 教学过程

教学环节	教师活动	学生活动	设计意图
环节一：引入	展示：一瓶葡萄酒，请学生观察瓶身标签	观察。 发现葡萄酒中含 SO_2，产生疑问	创设生活情境，激发学生兴趣，为后续课程渗透化学学科价值和全面观点看待问题做铺垫
环节二：性质预测	【提问】根据课前预习二维图预测的性质，学生将 SO_2 二维坐标图（图 1）转化为三维坐标图	学生通过交流和教师引导，通过 SO_2 性质研究方法：得出研究物质性质一般从物质分类、氧化还原及特性三个方面考虑，并绘制出三维坐标图（图 2）。 图 2 三维坐标图 学生将研究物质性质的方法学以致用，从而体会从分类观、氧化还原（转化观）及物质特性三个维度学习物质性质的方法	学生完成从 SO_2 性质的学习到物质性质研究方法的提升过程，并以三维坐标图的形式加以落实，使学生学会预测物质性质的两个角度

教学环节	教师活动	学生活动	设计意图
环节三：性质验证	【分组讨论】设计实验验证 SO_2 具有酸性氧化物的通性，并将实验表格填写完整。 				
			| 小组1：验证与碱的反应。 小组2：验证与水的反应。 【归纳】性质探究实验原型。 【演示实验】SO_2 的漂白性。 【分组实验】设计实验验证 SO_2 的氧化性和还原性，并设计实验报告	观察 SO_2 的颜色、状态。 观察瓶子变瘪，得出 SO_2 溶于水。 通过对科学数据的观察、分析得出 SO_2 易溶于水。 通过类比 Cl_2 的性质，学生得出 SO_2 还可能和水反应。 学生类比验证 Cl_2 和水反应的装置，设计验证 SO_2 和水反应的装置。向变瘪的水瓶中注入紫色石蕊，石蕊变红，得出 SO_2 和水反应。 阅读资料卡片，找到涉及 SO_2 性质的相关信息，得出 SO_2 可以和 $NaOH$ 反应，类比 CO_2 的性质，得出 SO_2 具有酸性氧化物的性质，并书写相关反应方程式	帮助学生建立性质探究实验的原型 实验原型的应用与巩固 通过生活情境，激发学生探究 SO_2 性质的兴趣，从而体验化学学科价值。学生观察分析能力得以强化，体验通过分类观念学习物质性质的方法
环节四：解决情境问题，首尾呼应	讲述：SO_2 存在于葡萄酒中，若适量能杀死杂菌，防止酒液老化；若过量会使人急性中毒，甚至破坏肝脏	学生在了解葡萄酒中 SO_2 的作用的同时，体会用全面观点看待 SO_2，通过教师引导，上升到用全面的观点处理问题	联系生活结束本课，最终解决情境问题，再次体会用全面的观点看待事物

续表

教学环节	教师活动	学生活动	设计意图
环节五： 小结	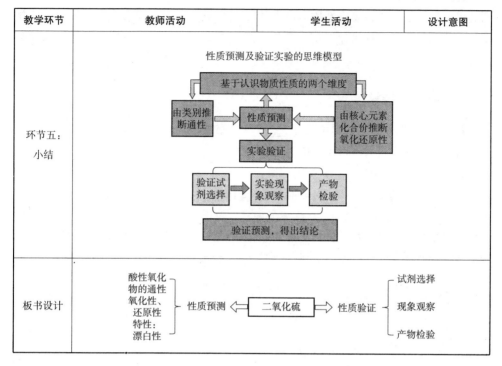		
板书设计			

九、教学反思

（1）本课实验设计均采用较封闭体系，药品用量微量或少量，尽可能减少 SO_2 的扩散，让学生体验绿色化学理念。

（2）本课不仅传授知识，更关注化学学科观念在课堂教学中的渗透。

1）本课以葡萄酒中含有 SO_2 为情境线贯穿始末，使学生感受到生活离不开化学。随着情境问题的最终解决，SO_2 存在于葡萄酒中，若适量能杀死杂菌，防止酒液老化；若过量会使人急性中毒，甚至破坏肝脏。学生在了解葡萄酒中 SO_2 作用的同时，体会用全面观点看待 SO_2，通过教师引导，上升到用全面的观点看待问题，通过化学学习感悟哲学思想，通过将学科知识与社会生活相联系，真实感受本课的社会价值。

2）本课在进行 SO_2 相关知识学习时，引导学生从对物质进行归类分析入手。学生通过与同类已知物质的比较认识新物质的性质，同时形成从分类角度认识物质性质和变化的思维方式。本课通过实验探究，引导学生从实现相关物质之间的转化入手，让学生根据物质在变化中的表现，认识新物质的性质，形成从转化的角度认识物质性质的思维方式，从而感受化学学科分类和转化的观念。本课在传授知识的同时，注意培养学生的学科思维方式，进而提升学生的化学科学素养。

3）学生通过本课的学习不仅掌握了 SO_2 的相关知识，而且归纳总结出物质性质研究的一般方法，并将物质性质研究方法以三维坐标图的形式落实，三维坐标图相对于以往的二维图，从描述上更加严谨，既便于学生记忆，又对新物质性质的预测起到指导作用。

十、学案：课题＿＿＿＿＿＿＿

【活动一】根据所学知识预测＿＿＿＿＿＿＿的性质，依据是什么？书写相应的化学方程式或离子方程式（每类反应书写一个即可）。

【活动二】性质验证（一）

设计实验：验证＿＿＿＿＿具有酸性氧化物的通性。

【小结】性质验证步骤

				......

【活动三】性质验证（二）

演示实验：＿＿＿＿＿＿具有漂白性。

二氧化硫的漂白原理：＿＿＿＿＿＿＿＿＿＿＿＿＿＿＿＿＿＿＿＿＿

【活动四】性质验证（三）

设计实验：验证＿＿＿＿＿＿的氧化性和还原性，并设计实验报告。

（1）待选主要仪器：点滴板。

信息：点滴板的使用方法是用滴管向点滴板穴中滴 1～5 滴溶液备用。

（2）待选药品：H_2SO_3 溶液、Na_2S 溶液、$KMnO_4$ 溶液、过氧化氢溶液。

实验报告：

附：资料卡片（表3）

表3　资料卡片

具有漂白性的物质			
物质	HClO、O_3、H_2O_2、Na_2O_2	_____	木炭
原理	将有色物质氧化	与有色物质结合生成不稳定的无色物质	将有色物质的分子吸附在其表面
实质	氧化还原反应	非氧化还原反应	物理吸附
效果	永久性	暂时性	暂时性
范围	可漂白大多数有色物质，能使紫色石蕊褪色	可漂白某些有色物质（如品红），不能使石蕊试液褪色	可吸附某些有色物质的分子

7. "化学反应限度"教学设计

一、教材分析

本节课是高中化学必修 2 第二章第 3 节"化学反应的速率和限度"的第二课时。教材通过科学史和一些可逆反应的实例分析,使学生认识到化学反应是有限度的。进而通过对可逆反应的可逆性和化学平衡状态的推导分析,使学生认识到化学平衡状态的特征,使学生初步认识到化学平衡状态是有条件的,是给定条件下化学反应所能达到的最大限度,改变反应条件可以在一定程度上改变一个化学反应的限度。

二、课程标准及模块学习要求

课程标准及模块学习要求见表 1。

表 1　课程标准及模块学习要求

内容标准	学习要求	补充说明
通过实验认识化学反应的速率和化学反应的限度,了解控制反应条件在生产和科学研究中的作用	1. 通过实验认识化学反应的速率及影响因素	化学平衡常数、化学平衡移动规律及其应用等暂不作要求,将在选修模块学习
	2. 通过实验认识化学反应的限度,了解化学平衡的含义,认识化学平衡的特征;知道当一定的外界条件改变时,有可能发生化学平衡的移动	
	3. 了解控制反应条件在生产和科学研究中的作用	

三、学情及前测分析

1. 学生已有的认知基础

在高中化学必修 1 阶段的学习中,学生已经初步了解到可逆反应的定义,了解到一些常见的可逆反应,如氨的合成、二氧化硫催化氧化、氯气与水的反应等。但是对可逆反应的特征及其本质并没有深入的了解。

2. 学生学习本课的前测分析

（1）学生对于限度问题的认识，首先约 90％的学生承认限度是存在的，但是绝大多数学生认为限度与反应的量是有关的，完全反应即限度。

（2）对于可逆反应宏观特征的描述：60％的学生认为反应是分别进行的，二氧化硫与氧气的存在是正反应结束以后逆反应开始发生的结果。20％的学生认为反应没有进行完全。

（3）约 45％的学生没有作答，17％的学生答出了能够检测出含^{18}O 的分子的种类，但说明对于可逆反应的微观特征的理解不到位，没有认识到正逆反应是同时发生的。

（4）超过 80％的学生能够较为准确地判断出可逆反应在相同条件下发生，说明解释也较为准确（70％以上）。

3. 学生认识发展的可能性分析

促使学生能从物质变化、能量变化、速率与限度等多方面认识化学反应，利用实际证据材料，结合实际证据的分析促使学生能够从宏观和微观两个方面深入认识可逆反应的本质特征，进而通过对可逆反应的可逆性和化学平衡状态的推导分析，使学生初步认识到化学平衡状态是有条件的，是给定条件下化学反应所能达到的最大限度。

四、教学目标

1. 知识与技能

（1）通过实验探究和对必修 1 已有可逆反应的回顾，能够认识到很多化学反应是具有可逆性的。

（2）通过对相同条件下二氧化硫与氧气反应、三氧化硫分解反应图表数据、二氧化硫与含放射性氧元素的氧气反应分析，能够归纳总结出可逆反应的宏观、微观特征，认识到可逆反应的正逆反应是同时发生的。

（3）在分析图表数据和绘制以二氧化硫表示的正逆反应速率示意图的基础上，能够认识到可逆反应是有限度的，总结归纳出化学平衡状态的一般特征。初步认识化学平衡是一种动态平衡。

2. 过程与方法

（1）通过科学事实和实验探究认识很多化学反应是具有可逆性的。

（2）结合图表数据和反应原理的分析认识化学平衡是一种动态平衡，分析说明化学反应达到平衡的本质原因，认识化学平衡状态是客观存在的一定条件下化学反应的最大限度。

3. 情感态度价值观

（1）通过对反应原理及数据分析，提高运用比较、归纳、概括等方法对信息进行加工，形成严谨细致的科学态度和质疑精神。

（2）通过对可逆反应本质特征及化学平衡状态的动态分析，体会从现象、本质、微观逐步深入的认识方式。

五、教学重点

（1）通过对相同条件下二氧化硫与氧气反应、三氧化硫分解反应图表数据、二氧化硫与含放射性氧元素的氧气反应分析，能够归纳总结出可逆反应的宏微观特征。

（2）在分析图表数据和绘制以二氧化硫表示的正逆反应速率示意图的基础上，能够认识到可逆反应是有限度的，总结归纳出化学平衡状态的一般特征。初步认识化学平衡是一种动态平衡。

六、教学难点

（1）从事实的角度分析归纳认识可逆反应和正逆反应是同时发生的。

（2）结合数据分析和可逆反应的特征，初步认识化学反应是有限度的，化学平衡状态是一种动态平衡状态。

七、教学方法

实验探究、联想、类别、迁移。

八、教学用具

多媒体、实验用品。

九、教学流程图

教学流程图如图 1 所示。

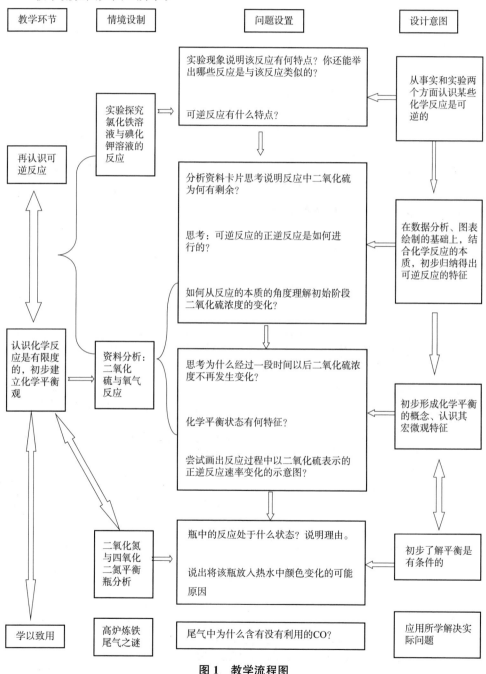

图 1 教学流程图

十、教学过程

教学过程见表2。

表2 教学过程

教学环节	教师活动	学生活动	设计意图
再认识可逆反应	引出：已知 KI 和 $FeCl_3$ 可以发生反应 $$2FeCl_3 + 2KI = 2FeCl_2 + I_2 + 2KCl$$ 现在我们在试管中取约 5 mL 的 0.1 mol/L 的 KI 溶液，向其中滴加 5～6 滴 0.1 mol/L 的 $FeCl_3$ 溶液。 设问：如何证明该反应已经发生？ 剩余的混合溶液中一定含有哪些离子？ 实验演示：分别检验碘单质、亚铁离子、铁离子。 设问：实验现象说明该反应有何特点？你还能举出哪些反应是与该反应类似的？ 过渡：与以上反应类似的反应还有很多，如必修1阶段学习过的，氮气与氢气合成氨，二氧化硫的催化氧化等。这些反应均属于可逆反应。	观察，思考 思考如何证明该反应已经发生。叙述实验方案。 预测可能存在的离子，叙述实验方案。 尝试说出一些常见的可逆反应。 氮气与氢气合成氨，二氧化硫的催化氧化，氯气与水的反应	直观地感受某些化学反应是不能进行完全的，是可逆反应
	如果将二氧化硫和氧气在适宜条件下反应，所得混合物中含有哪些物质？ 过渡：可逆反应为何会具有以上特点呢？我们以二氧化硫与氧气的反应加以深入研究。 设问：分析资料卡片你能从以上材料中获得哪些有关可逆反应的信息，你认为可逆反应的正逆反应是如何进行的？ 材料展示：（1）同位素示踪法常用于研究反应的本质，已知 ^{18}O 具有放射性，可以被仪器监测，在一个密闭的容器中充入 SO_2、$^{18}O_2$ 经过足够长的反应时间以后检测发现，SO_2、O_2、SO_3 中均存在 ^{18}O。 （2）在 500 ℃，1.01×10^5 Pa，V_2O_5 作催化剂，1 L 的密闭容器中只充入 SO_2 和 O_2 用气体传感器测量数据见表3。	思考说出可逆反应的宏观特征： 反应物与生成物共存。 分析材料，提出猜想，并结合已有材料加以分析讨论。 提出猜想： （1）未反应完全反应就停止了。 （2）反应物全转化成生成物以后，反应逆向进行。 （3）正逆反应同时进行。	从宏观物质共存的角度再认识可逆反应 在数据分析，图表绘制的基础上，结合化学反应的本质，初步归纳得出可逆反应的特征

表3 测量数据

物质的量/（mol·L⁻¹） 时间/min	0	10	20	30	40	50	60	70
SO_2	1	0.7	0.5	0.35	0.2	0.1	0.1	0.1
O_2	0.5	0.35	0.25	0.18	0.1	0.05	0.05	0.05
SO_3	0	0.3	0.5	0.65	0.8	0.9	0.9	0.9

教学环节	教师活动	学生活动	设计意图
再认识可逆反应	在 500 ℃，1.01×10^5 Pa，V_2O_5 作催化剂，1 L 的密闭容器中只充入 SO_3 用气体传感器测量数据见表 4。 **表 4　测量数据 2** （见下表） 小结：可逆反应 条件：相同条件 特征：宏观，反应物与生成物共存 微观：正逆反应同时进行	汇报交流，归纳总结 从正逆反应同时进行的角度加以说明	使学生初步体会可逆反应是有限度的
认识化学反应是有限度的初步建立化学平衡观	设问：如何从反应的本质的角度理解表 3 初始阶段二氧化硫浓度的变化？ 思考：为什么经过一段时间以后二氧化硫浓度不再发生变化？ 讲述：$2SO_2 + O_2 \rightleftharpoons 2SO_3$，达到当前状态下反应所能进行的最大限度（二氧化硫转化率最大），我们把这个状态称为化学平衡状态。化学平衡状态是可逆反应达到的一种特殊状态，是在给定条件下，化学反应所能达到或完成的最大程度，即该反应进行的限度。 设问：化学平衡状态有何特征？ 尝试画出反应过程中以二氧化硫表示的正逆反应速率变化的示意图？	观察分析浓度变化示意图（图 2）。 **图 2　浓度变化示意** 尝试归纳化学平衡状态宏观特征，能够从二氧化硫的消耗和生成角度初步认识化学平衡状态的微观特征 在一定条件下，反应物浓度与反应速率是正相关关系，尝试画出反应过程中以二氧化硫表示的正逆反应速率变化示意图	通过画图将数据转化为图形，便于学生观察 初步建立化学平衡的观点 引导学生从宏观和微观两个方面描述化学平衡状态的特征

表 4　测量数据 2

时间/min 物质的量/（mol⁻¹·L）	0	10	20	30	40	50	60	70
SO_2	0	0.04	0.07	0.09	0.096	0.1	0.1	0.1
O_2	0	0.02	0.035	0.045	0.0485	0.05	0.05	0.05
SO_3	1	0.96	0.93	0.91	0.904	0.9	0.9	0.9

续表

教学环节	教师活动	学生活动	设计意图
认识化学反应是有限度的初步建立化学平衡观	小结：化学平衡状态 条件：条件一定 特征：宏观，各物质浓度不变 微观：正逆反应速率相等 思考：展示充有二氧化氮的平衡瓶。已知二氧化氮在通常条件下会发生可逆反应 $2NO_2 \rightleftharpoons N_2O_4$，二氧化氮是红棕色气体，四氧化二氮是无色气体。 问题1：你认为瓶中的反应处于什么状态？说明理由。 演示实验：将充有二氧化氮的平衡瓶放入热水中。 问题2：尝试说出将该瓶放入热水中颜色变化的可能原因。 过渡：学习了有关可逆反应化学平衡状态的知识对生产生活实际有没有什么意义呢？	小结 分析说明反应所处的状态； 找到颜色与浓度的关系 提出猜想并加以解释 平衡被打破，限度发生了改变	应用所学知识解决实际问题 通过实例进一步说明化学平衡状态的有条件化学反应限度是可变可控的
学以致用	高炉尾气之谜 钢铁生产是17世纪从英国开始的第一次产业革命的两大产业之一。高炉炼铁的主要反应如下： $Fe_2O_3+3CO=2Fe+3CO_2$ 从高炉炉顶出来的气体中含有没有利用的CO气体，这是为什么呢？	阅读课本P50，分析说明其原因，猜测能否提高CO气体利用率？	认识到化学学习的实际价值，同时激发学生继续学习化学的兴趣

十一、板书设计

板书设计如图3所示。

第二课时　化学反应的限度

条件　可逆反应
相同条件　——条件一定——→
达到反应的限度　化学平衡状态
一定条件

特征{宏观　反应物与生成物共存
微观　正逆反应同时进行}　各物质浓度不变

正逆反应速率相等

图3　板书设计

十二、教学反思

1. 注重培养学生的学科思维，体会科学探究的全过程

本节课属于概念原理的教学，在教学过程中引入演示实验、数据分析、图形绘制和解析等环节让学生有体验与感受，而不是硬抠书本上的概念文字，这些环节紧扣新课程理念中的"情感、过程、体验"等要素，也应符合"建构"原理。

化学平衡状态的建立过程是抽象、微观的，学生理解起来难度较大，为此教学过程中采用 PPT 制作了分步的、动态的速率—时间图像，利用动画形式展示给学生。将抽象的问题形象化、微观的过程宏观化，学生在反复不断地观察、思考中建构起完整的知识体系。

课程开始就向学生展示了科学探究的一般过程，并且在整节课中使学生完整地体会了科学探究的过程。让学生自行设计方案用实验进行验证，为学生的探究提供开放式的学习环境；再通过分析讨论得出最后结论，有利于培养学生解决问题的能力和创新能力。在探究中感受思维的碰撞及体验成功的喜悦，使学生对新知识的认识从感性上升为理性，突破了重难点，同时，也培养了学生的动手能力，语言表达能力，创新、团结协作的精神，树立了自信心。

2. 关注学生主体，教师起引导的作用

必修阶段对"化学反应限度"的要求较低，能知道可逆反应并且认识到一定条件下可逆反应存在一定的限度即可，学生学习后常常会问"化学反应限度有什么用"之类的问题，本节课在介绍完基本理论之后，引入生活和生产中与化学反应限度相关的例子，学生不仅产生了浓厚的学习兴趣，也感受到了学习的收获。

在整个课堂的教学过程中，加强课程内容与学生自身经验的联系，尽可能让大多数学生参与，集思广益。通过学生自己分析、解决问题来构建知识体系。学生主动地参与课堂教学，其主体地位得到了充分尊重，教师仅是学生学习的组织者、参与者、帮助者、引导者、促进者，达到了预期的教学效果。

3. 认识不足

这节课还存在很多不足之处，需要改进的有以下几点：

（1）忽视了学生的个体差异，没有留给学生充分的思考和学习空间，应该让学生做决定，真正地做学习的主人，这样才能使学生思维能力不断得到提高。

（2）课堂上还应当注意课堂组织，自己的语言应该再简练、艺术些，让学生的表达机会多些，活动丰富些，从而培养学生发展的核心素养。

（3）练习不够，应该留有时间让学生练习习题，这样才能更好地理解本节课的知识。

8. "配合物"教学设计

一、指导思想与理论依据

选用学生熟悉的含铜化合物作为素材，关注不同类型微粒间相互作用概念的形成和发展思路，充分利用建立这些概念所使用的关键证据，通过实验事实，引发学生的认知冲突，引导学生进行解释，结合已掌握的共价键的概念，逐步理解配位键的概念，深化对微粒间相互作用模型的认识。在实验设计与探究、落实学生掌握配合物概念的同时，激发学生的学习兴趣，帮助学生建立结构与性质之间的联系，发展"宏观辨识与微观探析""证据推理与模型认知"等化学学科核心素养。

二、教学背景分析

1. 学习内容分析

《普通高中化学课程标准》要求如下：

（1）能说出微粒间作用（离子键、共价键、配位键和分子间作用力等）的主要类型、特征和实质；能比较不同类型的微粒间作用的联系与区别；能说明典型物质的成键类型。

（2）能运用离子键、配位键、金属键等模型，解释离子化合物、配合物、金属等物质的某些典型性质。

（3）能从微粒的空间排布及其相互作用的角度对生产、生活、科学研究中的简单案例进行分析，举例说明物质结构研究的应用价值，如配合物在生物、化学等领域的广泛应用。

2. 学生情况分析

学生已经学习了原子轨道、共价键的价键理论，离子（或原子）价电子层的孤电子（对），离子（或原子）存在空轨道的知识，对于可逆反应、化学平衡状态及其影响因素有一定的认识。

学生学习的增长点：学生对于原子间共用电子对成键认识深刻，但是对于"给予—接受电子对"形成配位键的理解稍显困难。对于配位键的理解是本节内容的重点、难点。

学生对可逆反应、化学平衡状态及其影响因素较熟练掌握，但对于从溶液中粒子间相互作用角度进行分析，建立新的平衡模型依然是学习的重点、难点问题。

3. 教学策略分析

本节教学内容包括配位键概念的形成与分析、配合物的支取与性质、从离子间相互作用和平衡移动角度认识配位反应三个部分。通过含铜离子固体和溶液颜色的对比分析，从粒子间相互作用角度形成配位键的概念，理解中心离子（或原子）与配体通过配位键形成配离子的过程，培养学生宏微结合的思想。认识到配离子由提供孤电子对的配体和接受电子对的中心离子（或原子）构成，配位键的本质是一种通过"给予－接受电子对"形成的一种特殊的共价键。通过 $[Cu(NH_3)_4]SO_4$ 制取及实验分析，认识到一种新的化学反应类型—配位反应，体会平衡移动的过程，增强证据推理与模型认知的能力。通过对 $CuSO_4$ 溶液与饱和氯化钠溶液反应的实验分析，进一步结合化学反应原理的相关知识，从平衡移动角度认识配位反应，发展学生对溶液中离子反应的认识。帮助学生体会平衡移动的过程，帮助学生构建变化观念和平衡思想。

三、教学特点分析

本节课从实验探究的角度出发，在课堂教学中通过一系列实验探究，引起了学生对于该反应发生原理的兴趣，在落实教学目标的同时通过引导学生产生科学的认识与观念，习得科学的思维与方法，体验科学的探究与实践，了解科学的态度与社会责任，最终落实化学核心素养。

四、教学目标与重难点设计

1. 教学目标

（1）通过含铜离子固体和溶液颜色的对比分析，从粒子间相互作用角度形成配位键的概念，理解中心离子与配体通过配位键形成配离子的过程。

（2）通过对制取 $[Cu(NH_3)_4]SO_4$ 实验的宏观现象的微观探析，认识一种新的化学反应类型—配位反应，增强证据推理与模型认知的能力。

（3）通过对 $CuSO_4$ 溶液与饱和氯化钠溶液反应的实验分析，从平衡移动角度认识配位反应，构建变化观念和平衡思想。

（4）通过了解配位化合物的存在及应用，体会化学及对生产生活的重要作用，拓宽视野培养化学学科学习的兴趣。

2. 重难点设计

（1）从粒子间相互作用角度形成配位键的概念，理解中心离子与配体通过配位键形成配离子的过程。

（2）认识一种新的化学反应类型—配位反应，体会平衡移动的过程，增强证据推理与模型认知的能力，构建变化观念和平衡思想。

五、教学过程

教学过程见表1。

表1　教学过程

教学环节	教师活动	学生活动	设计意图
环节一：配位键的概念的形成	【展示】硫酸铜粉末，硫酸铜晶体。 【提问】两种固体颜色不同的原因。 【实验探究】$CuSO_4$、$CuCl_2$、$CuBr_2$、$NaCl$、KBr、K_2SO_4 固体和溶液颜色对比。 【思考】为什么 Cu^{2+} 和 H_2O 能够发生作用（反应）？ 【板书】第四节配合物 有空轨道、有孤电子对、配离子 $Cu^{2+}+4H_2O \rightleftharpoons [Cu(H_2O)_4]^{2+}$ 【指出】配离子的组成 中心离子、配体、配位数、配原子 【解释】硫酸铜晶体蓝色原因。 【板书】配位化合物（图1） 图1　$CuSO_4+5H_2O$ 的结构示意	观察实验现象，从物质组成角度，认识到水分子的作用对比分析，从粒子间相互作用角度找到溶液均呈蓝色的原因。 从结构方面思考，Cu^{2+} 失去电子有空轨道，H_2O 中氧原子上有孤电子对（图2）。 图2　配合物 分析解释 H_2O 将一对孤电子对提供给 Cu^{2+} 的一个空轨道，使得两原子轨道发生重叠，形成一个具有共价键性质的新的化学键。这种由"给予—接受电子对"的化学键称为配位键。 含有配位键的化合物称作配位化合物，简称配合物	透过宏观现象看到微观本质 从粒子相互作用角度归因 从结构角度思考 Cu^{2+} 和 H_2O 的结构特点，通过类比共价键的形成，理解配位键模型。知道配位键的特点

教学环节	教师活动	学生活动	设计意图
环节二：配合物的制取与性质	【展示】资料卡片（图3） 资料卡片： 硫酸四氨合铜〔Cu（NH₅）₄〕SO₄，深蓝色晶体，溶于水，不溶于乙醇、四氯化碳等有机溶剂。常用作杀虫剂、在碱性镀铜中也常用作电镀液的主要成分 **图3　资料卡片** 【提问】制取〔Cu（NH₃）₄〕SO₄应该选择何种药品？ 【板书】$Cu^{2+} + 4NH_3 \rightleftharpoons$〔Cu(NH₃)₄〕²⁺ 药品：硫酸铜溶液，氨水。 【实验探究】指导学生完成实验。 【引导】同学们能不能从反应原理的角度解释沉淀的形成和转化过程？ 【设问】加入95％乙醇的作用。 【思考】从这个实验中，我们可以总结出什么结论呢？	阅读 分析〔Cu（NH₃）₄〕SO₄的组成（图4）。 配位原子 〔Cu（NH₃）₄〕SO₄ 内　界　外界 中心离子　配体　配位数 （配离子） **图4　〔Cu（NH₃）₄〕SO₄的组成** 实验探究：向硫酸铜溶液中逐滴加入氨水，记录实验现象并分析 书写反应的离子方程式 解释 从相似相溶、稳定性、颜色等角度分析	化学的社会价值。 应用配位键知识解决实际问题 从粒子间相互作用和平衡转化角度建立配位平衡的思想。 了解配合物的一些性质

教学环节	教师活动	学生活动	设计意图
环节三：发展对配合物、配位反应的认识	【思考】硫酸铜溶液能不能和氯化钠反应？ 【板书】$Cu^{2+} + 4Cl^- \rightleftharpoons [Cu(Cl)_4]^{2-}$ 【实验探究】左侧依次加入硫酸铜溶液、饱和食盐水、氨水（图5）。 CCl₄ **图5 实验装置** 【思考】加入饱和氯化钠溶液后颜色变化的原因。 【思考】左侧一系列变化说明什么问题？ 【实验探究】右侧依次加入硫酸铜溶液、饱和食盐水、水。 【思考】加水稀释后颜色变化的原因。 【思考】溶液颜色由绿色变为蓝色的主要原因是什么？ 【总结】从粒子间作用、配位反应、溶液颜色，多角度认识本节学习的意义 【练习作业】	应用所学知识，从粒子间相互作用角度分析思考 Cu^{2+}中存在空的原子轨道，而Cl^-中存在着孤电子对 $$\left[\begin{array}{c} Cl \\ | \\ Cl-Cu-Cl \\ | \\ Cl \end{array}\right]^{2-}$$ **图6 $[Cu(Cl)_4]^{2-}$结构** 分析实验现象配离子稳定性或者与铜离子配位能力角度分析 总反应角度 配位反应角度 前面实验已经验证	发展学生对配位键、配位化合物（配离子）的认识。 结合粒子间作用，发展学生对配位反应的认识，应用平衡移动知识分析解决问题 从粒子间作用和反应多角度分析 综合本节知识并应用

六、板书设计

板书设计如图 7 所示。

第四节　配合物

空轨道　　孤电子对

中心离子　　配体　　　　　　配离子　　　　　　　　配位化合物

$$Cu^{2+}+4H_2O \rightleftharpoons [Cu(H_2O)_4]^{2+}$$

$$Cu^{2+}+4NH_3 \rightleftharpoons [Cu(NH_3)_4]^{2+}$$

$$Cu^{2+}+4Cl^- \rightleftharpoons [Cu(Cl)_4]^{2-}$$

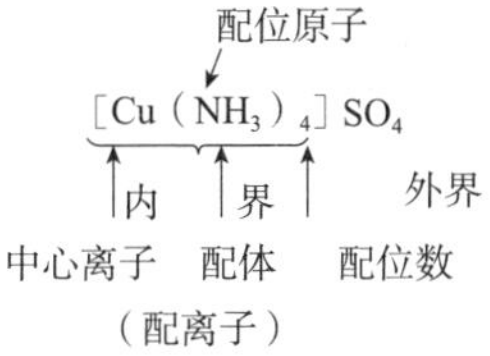

配位原子

$[Cu(NH_3)_4]SO_4$

内　界　　外界

中心离子　配体　配位数

（配离子）

图 7　板书设计

七、教学反思

（1）本节课从实验入手，通过实验对配合物作定性的认识。让学生从低层次上学习，比较容易接受。在活动与探究中既锻炼了探究能力、实验能力、观察能力，同时，也体现了学生相互合作、相互探讨的精神。在对课本实验进行改进的前提下，更易让学生理解配合物的内界与外界知识。

（2）整个教学里教师要讲的内容并不多，只是一种引导，大部分环节均由学生自主完成，充分体现了新课程标准和核心素养的目标要求。为学生提供主动参与、乐于探究、积极实践的机会，让学生体验了过程，同时也学到了知识。

（3）本节课相对有多个环节的活动，加上信息量较大，重视动态知识建立过程，通过一个个简单易做、现象明显的化学实验，灵活应用离子检验，化学平衡移动，相似相溶原理，使学生主动学习、乐于探究，完成对配合物的认识。

本节课使学生感受到科学的力量，激发学生学习化学、研究化学、应用化学的科学理想。

八、课后练习

（1）$FeCl_3$ 是棕红色固体，易潮解，在 300 ℃ 以上可升华成含二聚三氯化铁

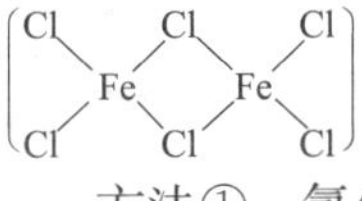

分子的气体。可用于金属蚀刻、污水处理等。主要有以下制备方法：

方法①：氯化法。以废铁屑和氯气为原料，在立式反应炉里反应，生成的氯化铁蒸气和尾气由炉的顶部排出，进入捕集器冷凝为固体结晶。

方法②：熔融法。将铁屑和干燥氯气在低共熔混合物（如 30％KCl 与 70％$FeCl_3$ 混合）内进行反应生成氯化铁，升华后收集在冷凝室中，该法制得的氯化铁纯度高。

方法③：复分解法。用氧化铁与盐酸反应后得到氯化铁溶液。

方法④：氯化亚铁合成法。将铁屑溶于盐酸，然后向其中通入氯气得到氯化铁。

下列说法正确的是（　　）。

A. 二聚三氯化铁分子中含有配位键

B. 将 $FeCl_3$ 饱和溶液缓慢滴入氢氧化钠溶液中，可制取 $Fe(OH)_3$ 胶体

C. 直接加热蒸干方法③所得的氯化铁溶液，制备无水氯化铁

D. 向方法④所得的溶液中加入 KSCN 溶液与氯气，检验该溶液中是否含有 Fe^{2+}

（2）下列有关化学实验的"操作→现象→解释"均正确的是（　　）。

选项	操作	现象	解释
A	向某溶液中滴加 KSCN 溶液	产生红色沉淀	$Fe^{3+}+3SCN^- = Fe(SCN)_3\downarrow$
B	向由 0.1 mol $CrCl_3 \cdot 6H_2O$ 配制成的溶液中加入足量 $AgNO_3$ 溶液	产生 0.2 mol 沉淀	已知 Cr^{3+} 的配位数为 6，则 $CrCl_3 \cdot 6H_2O$ 的化学式可表示为 $[Cr(H_2O)_6]Cl_3$
C	向溶液 $K_2Cr_2O_7$ 溶液中先滴加 3 滴浓硫酸，再改加 10 滴浓 NaOH	溶液先橙色加深，后又变为黄色	溶液中存在 $Cr_2O_7^{2-}$（橙色）$+ H_2O \rightleftharpoons 2CrO_4^{2-}$（黄色）$+2H^+$
D	向 $Cu(OH)_2$ 悬浊液中滴加氨水	沉淀溶解	$Cu(OH)_2$ 不溶于水，但溶于氨水，重新电离成 Cu^{2+} 和 OH^-

（3）铅（Pb）与碳同主族，位于元素周期表第六周期。

1）铅笔中无"铅"，铅笔芯的主要成分是石墨和黏土。

①石墨和金刚石的关系是_____。

A. 同位素　　B. 同素异形体　　C. 同分异构体　　D. 同系物

②一种黏土的主要成分是 $Al_2[(OH)_4Si_2O_5]$，用氧化物的形式表示其组成：_____。

2）化合物中铅只有 +2 和 +4 两种价态，且 +4 价的化合物不稳定。

①PbO_2 固体与浓盐酸混合共热，有黄绿色气体生成。写出反应的化学方程式_____。

②将 PbO_2 固体加入 $Mn(NO_3)_2$ 和硝酸的混合液中，固体逐渐溶解，溶液变成紫色。如果反应中氧化剂和还原剂的物质的量之比是 5:2，则该反应的氧化产物是_____。

③已知 PbO 是碱性氧化物，PbO_2 是酸性氧化物，而 Pb_3O_4 则可看作两种氧化物按一定比例混合而成。写出 Pb_3O_4 与硝酸混合发生非氧化还原反应的离子方程式：_____。

3）已知 $PbSO_4$ 不溶于水，但可溶于醋酸铵（CH_3COONH_4）溶液，形成澄清溶液。

①$PbSO_4$ 溶于 CH_3COONH_4 的原因可能是_____。

②把醋酸铅溶液滴入 Na_2S 溶液中，有黑色沉淀生成，其反应的离子方程式：_____。

9. "铁及其化合物"主题教学设计

一、指导思想与理论依据

新课程标准的基本理念强调了重视开展"素养为本"的教学，其核心内容是：倡导真实问题情境的创设，开展以化学实验为主的多种探究活动，重视教学内容的结构化设计，激发学生学习化学的兴趣，促进学生学习方式的转变，培养学生的创新精神和实践能力。笔者在进行"铁及其化合物性质和转化关系"的教学设计时，基于真实情境，结合化学知识解决实际问题，注重培养并发展学生的化学学科核心素养。主题教学设计总体框架如图1所示。

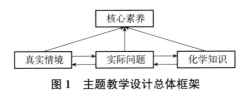

图1　主题教学设计总体框架

基于主题教学设计总体框架的构建思想，笔者思考如何在具体的教学实践中落实上述总体框架的设想，从而培养学生的学科核心素养。具体构想详见表1。

表1　基于真实情境的"铁及其化合物"教学设计具体构想

真实情境	一件铁器文物前后变化	
实际问题	铁器腐蚀产物是什么、为什么会被腐蚀、腐蚀之后怎么办	
化学知识	铁及其化合物的性质和转化关系	
结构设计	探究铁器的腐蚀产物	
	探究铁器的腐蚀机理	
	探究铁器腐蚀的影响因素	
学习方式	文献查阅学习、实验探究学习、项目式汇报学习	
核心素养	宏观辨识与微观探析	宏微结合理解反应本质
	变化观念与平衡思想	化学反应发生是有条件的
	证据推理与模型认知	实验证据和理论证据结合分析问题
	科学探究与创新意识	实验方案的优化有利于学生创新思维的培养
	科学态度与社会责任	提升民族自豪感和社会责任感

二、教学背景分析

1. 教学内容分析

本部分内容位于人教版化学必修 1 第 59—62 页，承接氧化剂、还原剂的学习，利用所学习的氧化还原反应的理论解决铁及其化合物之间的相互转化问题。同时，在以后碳、氮、硫的转化学习中，也会涉及氧化剂、还原剂的内容。本节内容中学习运用氧化还原反应知识解决元素的转化，对于以后元素的学习具有启下的作用，因此，本节内容在教材中起着承上启下的作用。教材中的内容安排为三部分，具体内容见表 2。

表 2　铁的重要化合物在教材中的内容编排

内容编排结构	铁的氧化物	铁的氢氧化物	铁盐和亚铁盐
具体知识点	铁的氧化物（FeO、Fe_2O_3、Fe_3O_4）的物理性质	实验 3—9：$Fe(OH)_2$、$Fe(OH)_3$ 的制备及其离子方程式	Fe^{3+} 的检验
	FeO、Fe_2O_3 作为碱性氧化物与酸的反应	$Fe(OH)_2$ 向 $Fe(OH)_3$ 转化过程中的颜色变化	Fe^{3+} 和 Fe^{2+} 的相互转化
		$Fe(OH)_2$ 转化为 $Fe(OH)_3$ 的化学方程式	
		$Fe(OH)_3$ 转化为 Fe_2O_3 的化学方程式	

教学设计对这三部分的内容加以整合和拓展，以铁器文物的腐蚀和防护作为教学情境线，设计为主题式学习的三课时。在总体任务"拍摄铁器文物腐蚀机理与防护"的纪录片的驱动下，围绕"铁器文物腐蚀与防护"主题，结合铁及其化合物知识的特点，全面、充分地探掘知识内容本体价值及其教育价值，有机地整合课堂教学和课外活动，开发课程资源，综合利用各种教学方法和教学策略，提高课堂教学的效率，让学生经过三课时的学习之后，能够整体把握知识网络。学生经过文献查阅、实验探究等研究方法，落实知识的学习，同时体会团队合作的满足感和成就感。

经过仔细研读课程标准、分析教材和学情、全面分析教学内容、梳理知识主线和素材主线、合理划分课时、进行具体的教学设计后，教师对本部分的内容进行了整合。整合后教学内容编排见表 3。

3 课时均以实验探究教学法为主，选择本课题在高一进行实验探究课尝试的理由主要有以下三点：

（1）铁作为生活中应用最为广泛的金属元素被学生熟知，作为过渡族元素，铁元素的可变化合价更成为它的一个重要特征。"Fe^{2+} 与 Fe^{3+} 相互转化的实验探究"这一探究性学习课题，不仅可以让学生深刻认识铁盐和亚铁盐的性质，而且是氧化还原反应理论教学的良好素材。

（2）此处的实验反应原理简单，操作也多是试管实验，适合安排实验探究。通过这堂课的学习，可以让学生感受实验探究的一般过程，为以后的探究性学习积累宝贵经验。

（3）"Fe^{2+} 与 Fe^{3+} 相互转化的实验探究"在实验途径选择上表现出较大程度的多样性，为学生提供了更多的互相学习、合作探究的机会。

表 3　铁的重要化合物整合后的内容编排

课时安排	第一课时：探究铁器文物的腐蚀产物	第二课时：探究铁器文物的腐蚀机理	第三课时：探究铁器文物腐蚀的影响因素
具体知识点	铁生锈的条件与影响因素的预测	$Fe(OH)_2$ 的制备	H_2O 对铁器文物腐蚀的影响
		$Fe(OH)_2$ 向 $Fe(OH)_3$ 转化过程中的颜色变化	
	FeO、Fe_2O_3 作为碱性氧化物与酸的反应	$Fe(OH)_2$ 向 $Fe(OH)_3$ 转化的化学方程式	盐溶液对铁器文物腐蚀的影响
		$Fe(OH)_3$ 转化为 Fe_2O_3 的实验及化学方程式的落实	pH 值对铁器文物腐蚀的影响
	Fe^{2+}、Fe^{3+} 的检验方法与评价	Fe^{3+} 的检验	铁质文物修复后存放条件的建议
		Fe^{3+} 和 Fe^{2+} 的相互转化	

化学是一门以实验为基础的学科，"证据推理与模型认知"是化学学科核心素养的内容之一，而化学实验是化学课堂上最重要的证据之一，所以，在分析教学内容及进行教学设计时，笔者更加注重对于实验的整合和应用。铁及其化合物部分内容在教材中的呈现见表 4。

表4　实验内容在教材中的呈现

人教版必修1实验内容	承载的知识价值
实验3-9：在2支试管里分别加入少量FeCl₃和FeSO₄溶液，然后滴入NaOH溶液。观察并描述发生的现象	（1）$Fe(OH)_2$和$Fe(OH)_3$的制备方法。 （2）$Fe(OH)_2$和$Fe(OH)_3$的性质
实验3-10：在2支试管里分别加入5 mL FeCl₂溶液和5 mL FeCl₂，各滴入几滴KSCN溶液。观察现象并记录	Fe^{3+}的检验
科学探究：在盛有2 mL FeCl₃溶液的试管中，加入少量铁粉，振荡试管。充分反应后，滴入几滴KSCN溶液，观察并记录实验现象。把上层清液倒入另一试管，再加入几滴氯水，又发生了什么变化？	（1）Fe^{2+}和Fe^{3+}的转化 （2）Fe^{2+}的检验

实验内容丰富且全面，尤其是科学探究，确实是有值得探究的内容和空间，试剂的不同浓度和用量对实验现象的影响非常大。笔者在进行本教学设计的过程中重点思考的是如何在一个情境中让学生自主地产生问题，进行主动的实验探究，在尊重教材原型的基础上，本教学设计也是对实验进行了着重的思考。

2. 学情分析

学生在人教版化学九年级下册第八单元学习了"金属和金属材料"的知识，知道铁单质能够发生置换反应、与酸反应、容易被腐蚀等。探究物质的方法与程序应用到氧化还原反应尚属首次，因此，在氧化剂、还原剂的选择中可能会出现问题。对于铁的化合物了解较少，在学习时可能会出现障碍，铁的几种微粒、微粒的存在形式及氧化性顺序等仍未知，在学习中会有困难。人教版化学九年级下册与必修1中铁及其化合物部分知识点呈现具体见表5，也就是学生在知识上的待增长点。

表5　人教版初高中"铁"知识点的对比

人教版九年级下册	人教版必修1
铁单质的物理性质	铁的氧化物、氢氧化物的物理性质
铁单质与硫酸铜的置换反应	FeO与Fe_2O_3是碱性氧化物
铁单质与稀盐酸、稀硫酸的反应	铁的氢氧化物的制备方法
铁单质与氧气的反应	$Fe(OH)_2$转化为$Fe(OH)_3$的化学方程式
铁的冶炼：CO还原Fe_2O_3	$Fe(OH)_3$转化为Fe_2O_3的化学方程式
CO还原Fe_2O_3与稀盐酸、稀硫酸的反应	Fe^{2+}、Fe^{3+}的检验
铁制品锈蚀的条件	Fe^{3+}和Fe^{2+}的相互转化

在实验探究方面，学生在此时刚刚步入高中生活，接触了比初中时候更丰富多彩的化学物质、化学原理等，化学知识进一步丰富，思维方式逐渐由具象思维向抽象思维转化，并学习了系统地探究物质性质的方法与程序，对探究物质充满了好奇，具备一定的探究条件。

文献阅读教学法第一次在教学中使用，学生相对陌生，因为在语文的教学中学生有大量的阅读理解训练，所以初步具备从阅读材料中提取信息的能力，但对专业文献中的化学用语可能理解不到位，需要长期训练培养。学生在能力上的待发展能力见表6。

表6　学生在能力上的待发展能力

已具备能力	待发展能力
结合氧化还原原理预测物质性质	系统预测分析物质的性质
初步实验探究能力	系统地实验设计、探究的过程、思路和方法
初步阅读材料提取信息的能力	文献资料查阅能力和应用文献信息的能力
解释、分析、表达能力	汇报展板制作、PPT制作及完整汇报表达能力

三、主题教学整体教学目标与重点、难点设计

1. 教学目标

（1）通过"铁器腐蚀环境模拟"的学生活动，拓展学生对铁生锈条件的认识，预测影响铁生锈的因素。

（2）通过对"铁器腐蚀产物"的探究，选择、应用并评价 Fe^{3+} 和 Fe^{2+} 的检验方法。

（3）通过对"铁器腐蚀机理"的探究，梳理铁及其化合物的转化关系，建立 Fe^{3+} 和 Fe^{2+} 相互转化条件，体会化学反应的发生是有条件的。

（4）通过设计实验探究"铁器文物腐蚀的影响因素"，形成实验探究的一般思路和方法，体会化学的有用性，为铁器文物的存放环境提供指导意见。

2. 评价目标

（1）通过铁器腐蚀产物的预测，诊断并发展从氧化还原本质视角分析物质的水平进阶（基于经验水平—基于概念原理水平）。

（2）通过设计实验验证腐蚀产物的过程，诊断并发展学生实验方法的选择与评价的进阶（实验方案的优化—对比实验、空白对照实验）。

（3）通过分析铁器腐蚀机理梳理铁及其化合物性质和转化关系，诊断并发展学

生认识化学反应的视角进阶（宏观水平—微观水平）。

（4）通过实验铁器腐蚀影响因素的探究实验设计方案的交流和汇报，诊断并发展学生实验探究水平（定性水平、定量水平）。

（5）通过对铁器腐蚀与防护纪录片方案的讨论和实施，诊断并发展学生对化学价值的认识水平（学科价值视角、社会价值视角、学科和社会价值视角）。

3. 教学重点

（1）铁及其化合物的性质和相互转化关系。

（2）Fe^{2+} 与 Fe^{3+} 的检验和相互转化。

（3）实验探究的基本原则、一般思路和方法。

4. 教学难点

（1）化学学科核心素养在教学中的渗透。

（2）实验探究的基本原则、一般思路和方法。

四、教学流程

1. "素养为本"化学课堂教学设计的教学策略选择

该主题教学设计主要选择的教学策略是问题驱动策略和实验探究策略。问题驱动策略中问题的产生是由学生对比铁器文物前后变化的照片（图 2），自主生成问题，知识的生成过程也就是学生通过讨论、分析和实验探究逐步解决问题的过程。

随葬铁釜

（文物编号M164：6）

出土时

图 2　一件汉代铁釜前后变化的照片

一件汉代铁釜随葬时是完整的，2010 年在济南出土时已经破碎为 108 块。学生对比这两张照片，非常震撼，自主生成问题，紧紧围绕学生自主提出的 6 个问题展开 3 个课时的教学设计。由于学生提出的问题偏口语化，对学生提出的问题稍做加工和转化，转化后的问题作为教学过程的问题主线，详见表 7。

表 7　学生自主生成的问题及问题转化和解决顺序

学生自主生成问题	问题转化
谁让它变了？	铁器生锈的必要条件（为什么）
怎么变了？	铁器的腐蚀机理（为什么）
受什么影响呀？	铁器腐蚀的影响因素及如何影响（为什么）
是什么呀？	铁器腐蚀产物的成分（是什么）
怎么它就碎了？	铁器腐蚀产物的性质（为什么）
还能恢复吗？	铁器文物修复的可能性（怎么办）

按照问题的逻辑性，学生首先聚焦"铁器的腐蚀产物的成分"问题，因为只有先解决了"是什么"的问题，才能逐步解决"为什么"和"怎么办"的问题，每一课时解决的具体问题、解决策略及具体的实验设计见表 8。

表 8　每一课时的问题解决和解决策略

课时	解决的问题	解决问题的策略
1. 探究铁器的腐蚀产物	铁器生锈的必要条件	实验探究
	预测铁器腐蚀的影响因素	小组讨论
	铁器的腐蚀产物的成分	实验探究
2. 探究铁器的腐蚀机理	铁器的腐蚀机理	实验探究
	铁器腐蚀产物的性质	小组讨论
	铁器文物修复的可能性	文献阅读
3. 探究铁器腐蚀的影响因素	铁器腐蚀的影响因素及如何影响	实验探究

基于以上生成问题，在教学过程中要逐个解决。化学课堂问题解决的一般思路和方法是：首先提出猜想或假设，然后设计实验进行验证，最后结合实验现象的分析与讨论得出结论。实验是化学课堂最有效的证据，3 课时的实验设计见表 9。

表9 铁器文物背景下铁及其化合物教学中的实验设计

课时安排	实验设计	设计意图
1. 探究铁器文物的腐蚀产物	【实验1】模拟铁器生锈环境 试剂与仪器：铁钉、铁片、干土、湿土、不同浓度的氯化钠溶液，不同pH值的溶液、镊子、胶头滴管若干、试管若干	拓展对铁生锈条件的认知，并为第三课时的项目式学习做铺垫
	【实验2】Fe^{2+}与Fe^{3+}的检验 试剂与仪器：铁锈样品、稀硫酸、KSCN、$K_3[Fe(CN)_6]$、镊子、胶头滴管、试管若干	对检验方法进行选择、比较和评价，认识到不同的检验方法的适用情境和灵敏性的差别
2. 探究铁器文物的腐蚀机理	【实验3】$Fe(OH)_2$制备及性质探究 试剂与仪器：$FeSO_4$溶液、NaOH溶液、表面皿、滤纸、胶头滴管若干、试管若干	$Fe(OH)_2$是铁器腐蚀中Fe转化过程的重要一步，通过制备落实其还原性
	【实验4】Fe^{2+}向Fe^{3+}转化 试剂与仪器：$FeSO_4$溶液、KSCN、H_2O_2溶液、NaOH溶液、胶头滴管若干、试管若干	补充铁+2价向+3价的转化，沉淀形式和离子形式的转化，强化+2价的还原性
	【实验5】Fe^{3+}向Fe^{2+}转化 试剂与仪器：$FeCl_3$溶液、铁粉、$K_3[Fe(CN)_6]$溶液、胶头滴管若干、试管若干	完善Fe^{3+}和Fe^{2+}之间的相互转化，并结合铁器腐蚀过程落实"铁三角"
3. 探究铁器文物腐蚀的影响因素	【实验6】NaCl溶液浓度对铁腐蚀的影响 试剂与仪器：铁钉、不同浓度的NaCl溶液（浓度分别为0.1 mol/L、0.2 mol/L、0.5 mol/L、1.2 mol/L、5 mol/L）、胶头滴管若干、试管若干	在"铁锅炒菜"的生活情境中引入NaCl对铁腐蚀的影响，通过氧化还原型离子反应的比较解释NaCl能加快铁腐蚀的原因
	【实验7】不同pH值溶液浓度对铁腐蚀的影响 试剂与仪器：铁钉、不同pH值的H_2SO_4溶液、蒸馏水、不同pH值的NaOH溶液、胶头滴管若干、试管若干	通过铁器腐蚀分析氧化剂（H^+和O_2）的竞争，来解释不同pH值溶液对铁器腐蚀程度的差异
	【实验8】H_2O含量对铁腐蚀的影响 试剂与仪器：铁钉、干土、棉花、蒸馏水、胶塞、胶头滴管若干、试管若干	感受水并非越多，腐蚀越严重，水多了反而是隔绝氧气的一层保护膜

2. "素养为本"的三个课时的教学流程

（1）第一课时：探究铁器的腐蚀产物（表 10）。

表 10　探究铁器的腐蚀产物

任务主线	问题台阶	证据材料	学生知识生成和能力提升	学科核心素养
任务1：提出学习任务	我们研究铁器文物的哪方面内容呢？	文物图片	自主生成表7中的六个问题，作为三个课时学习的统领	【科学态度与社会责任】以文物作为情境主线，增强学生民族自豪感
	从照片中获取了哪些信息？			
	想知道哪些信息？			
任务2：请你预测铁器腐蚀产物并设计实验	铁器为什么容易被腐蚀？	金属活动性顺序	分析物质性质的角度：物质类别和化合价	【证据推理与模型认知】具有证据意识，能对铁的结构及其变化提出可能的假设，并进行推理加以证实或证伪
	铁为什么活泼？	汉代铁器和铜器腐蚀程度不同的照片		
	铁器腐蚀的产物可能是什么？	铁器腐蚀照片中观察到的颜色		
	你预测的依据是什么？			
	如何验证预测？	【实验1】模拟铁器的生锈环境 【实验2】Fe^{2+} 和 Fe^{3+} 的检验	实验方案设计的一般思路和方法	【科学探究与创新意识】能从问题和假设出发，依据探究目的，设计探究方案，进行探究
	如何获得铁锈？		铁的生锈条件及影响因素	
	如何检验铁锈？		Fe^{2+} 和 Fe^{3+} 的检验方法	
	如何确定铁器腐蚀产物中的物质形式	【XRD】分析	铁腐蚀产物主要成分是 $Fe_2O_3 \cdot nH_2O$	
任务3：分析研究腐蚀产物目的	研究腐蚀产物的目的是什么？	文献阅读	去除铁锈的基本方法：机械除锈和化学方法结合	【科学态度与社会责任】

（2）第二课时：探究铁器的腐蚀机理（表11）。

表11　探究铁器的腐蚀机理

任务主线	问题台阶	证据材料	学生知识生成和能力提升	学科核心素养
任务1：探究铁器腐蚀过程中铁的转化过程	腐蚀中 O_2 能否把 Fe 直接氧化为+3价？	$3Fe+2O_2 \xrightarrow{\text{点燃}} Fe_3O_4$	条件不同，产物不同	【宏观辨识与微观探究】分析 $Fe(OH)_2$ 生成，宏微结合认识反应本质。【变化观念与平衡思想】化学反应发生条件。【证据推理与模型认知】【科学探究与创新意识】
	谁帮助 O_2 完成铁的转化任务呢？	铁生锈的必要条件：O_2 和 H_2O	在水的作用下，Fe 被转化为 Fe^{2+}，O_2 被转化为 OH^-，通过离子反应生成 $Fe(OH)_2$	
	水在整个转化过程中起什么作用呢？			
	我们如何研究中间产物 $Fe(OH)_2$ 的性质？	【实验3】$Fe(OH)_2$ 的制备和性质研究实验	$Fe(OH)_2$ 的制备方法	
	为什么腐蚀产物中无 $Fe(OH)_3$ 呢？		$4Fe(OH)_2+O_2+2H_2O=4Fe(OH)_3$　$2Fe(OH)_3 \xrightarrow{\triangle} Fe_2O_3+H_2O$	
	你能梳理该过程中铁及其化合物的转化关系吗？		$O_2 \xrightarrow{H_2O} OH^-$ 　$Fe \xrightarrow{H_2O} Fe^{2+}$ 　$Fe(OH)_2 \xrightarrow{O_2、H_2O}$ 　$Fe(OH)_3 \rightarrow Fe_2O_3 \xrightarrow{H_2O} Fe_2O_3 \cdot nH_2O$	
任务2：探究腐蚀层加厚的原因	转化关系图中 $Fe(OH)_3$ 有其他的生成路径吗？	【实验4】Fe^{2+} 向 Fe^{3+} 转化	证明化学反应发生的角度：有新物质生成；反应物的减少或者消失	【证据推理与模型认知】【科学探究与创新意识】
	如何证明 Fe^{2+} 可以被 O_2 氧化为 Fe^{3+}？			
	分析铁器腐蚀层逐渐加厚的原因	【实验5】Fe^{3+} 向 Fe^{2+} 转化	1.铁锈的质地疏松　2.Fe^{3+}、Fe、Fe^{2+} 循环反应	
任务3：分析研究腐蚀机理目的	研究腐蚀机理的目的是什么？	文献阅读	矛盾关系，知道怎么被腐蚀，也为研究防护提供了方向	【科学态度与社会责任感】

（3）第三课时：探究铁器腐蚀的影响因素（表12）。

表 12　探究铁器腐蚀的影响因素

教学环节	自主生成互动问题	学生的猜想和解释	指导应用
"pH 值" 探究小组汇报	1. 实验开始后，pH 值＝5 的酸性溶液试管中一直未观察到气泡，这是为什么呢？	H⁺ 浓度较小，氧化性减弱，O_2 作为氧化剂氧化 Fe	1. 修复后的铁器尽量与酸碱性溶液隔离
	2. 为什么 pH 值＝13 的铁几乎不腐蚀？	O_2 在碱性环境中的氧化性较差或者溶解度较小	
	3. pH 值为多少时，铁腐蚀最严重？	学生产生争议，分析原因是未做定量表征	2. 碱性偏大的环境中有利于铁器的保存
	4. pH 值在 3～5 的空白应该如何填补呢？	继续探究	
"pH 值" 探究小组拓展探究汇报	如何继续探究呢？	拓展实验得出更加完整的实验结论	
		溶液以 pH 值＝4.5 作为分界线；当溶液 pH 值<4.5 时，铁被氢离子氧化；当溶液 pH 值>4.5 时，铁被氧气氧化	
设计意图	建立严谨的实验探究的一般思路和方法；实验评价指标的优化：从定性到定量		
"盐溶液" 探究小组汇报	1. 为什么铁钉生锈从铁钉的尖端开始？	铁钉尖端表面比较粗糙且比表面积大	1. 铁器的存放要与盐溶液隔离
	2. 为什么不同浓度的氯化钠溶液中铁钉腐蚀的程度不同？	条件不同，产物不同	
	3. 为什么氯化钠溶液与水溶液中铁生锈程度存在差别？	离子型氧化还原反应，NaCl 起到传导电荷的作用	2. 多盐或少盐环境有利于保存
	4. 为什么 1 mol/L 的 NaCl 溶液对铁腐蚀是最严重的？	Cl⁻ 对金属膜的穿透作用与 O_2 的溶解度共同作用	
设计意图	深化依据氧化还原原理解释实验现象的能力		
"H₂O" 探究小组汇报	1. 为什么将土壤环境改为棉花？	土壤中不宜观察实验现象，且铁锈质地疏松，取样过程中易脱落	1. 铁器应尽可能处于干燥环境中隔离水分
	2. 为什么随着水含量的增加，铁的腐蚀程度先加重后减轻？	当含水量增大到一定程度后，水起到隔离氧气的作用，腐蚀程度反而减轻	2. 若水分不可避免，则湿度应尽可能大

教学环节	自主生成互动问题	学生的猜想和解释	指导应用
设计意图	实验方案的优化：土壤改为棉花		
学科核心素养	【证据推理与模型认知】【科学探究与创新意识】		

对第三课时的补充说明：文献查阅是培养学生获取和应用信息能力的有效途径，符合学生终身学习的需要。目前不断有新闻报道本科生文献查阅能力薄弱，获取专业知识的能力不足，这就要求在高中对于学生文献查阅能力有所培养。所以，在第三课时的教学设计中，注重学生文献查阅、从文献中获取信息等能力的培养。从实验方案的设计到现象分析和问题解决，学生的主要学习方式是实验探究和文献查阅，教师指导学生查阅资料、参与问题讨论，整个学习汇报过程是以学生为主体的。

3. "改变学习方式"的学生活动设计

新课程标准中提道：学生化学学科核心素养的发展是一个自我建构、不断提升的过程，教师要紧紧围绕化学学科核心素养发展的关键环节，引导学生积极开展建构学习、探究学习和问题解决学习，促进学生化学学习方式的转变。为避免教师在教学过程中的包办代替等现象，三个课时的学生活动设计见表13。

表13　铁及其化合物主题教学设计中的学生活动设计

按时安排	学生活动	活动的呈现形式
1. 探究铁器的腐蚀产物	分析铁器容易被腐蚀的原因	小组讨论并汇报：分类并概括
	预测铁器的腐蚀产物	小组讨论并汇报：证据与推理
	模拟铁器的腐蚀环境	实验探究：建立模型
		小组讨论并汇报：模型与解释
	检验铁器的腐蚀产物	化学用语表征：化学方程式
		实验探究：完善模型
		小组讨论并汇报
2. 探究铁器的腐蚀机理	分析铁器腐蚀过程中氧气和 H_2O 的作用	小组讨论并汇报：证据与推理
	分析中间产物 $Fe(OH)_2$ 的性质	实验探究：$Fe(OH)_2$ 制备方案优化
	表示铁器腐蚀过程中铁及其化合物的转化关系	流程图表征
	分析铁器腐蚀层加厚的原因	实验探究：证明化学反应发生
		小组讨论并汇报：证据与推理
3. 探究铁器腐蚀的影响因素	探究 NaCl 浓度对铁腐蚀的影响	文献查阅
	探究 pH 值对铁腐蚀的影响	实验探究
	探究 H_2O 含量对铁腐蚀的影响	项目式学习

4. 三个课时的板书设计

三个课时的板书设计如图 3～图 5 所示。

第一课时 探究铁器的腐蚀产物

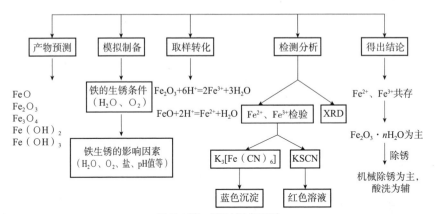

图 3 第一课时板书设计

第二课时 探究铁器的腐蚀机理

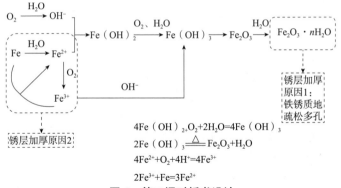

图 4 第二课时板书设计

第三课时 探究铁器腐蚀的影响因素

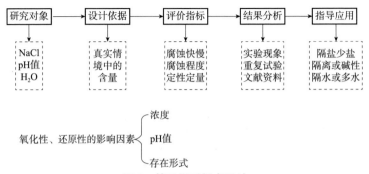

图 5 第三课时板书设计

五、学习效果评价设计

1. 学生学习情况评价量表（表14）

表14　学生学习情况评价量表

视角	评价内容		
倾听	有多少学生在倾听	是否能够做到全神贯注	持续全神贯注的时间
	全员在倾听	是	90%以上教学实践
自主	提出问题后是否积极思考	自己提出问题	是否积极提出自己的见解
	是	学生自主生成问题	是
达成	是否能自主回答问题	检测学生回答问题正确率	学生是否清楚本节目标
	是	90%以上	是
互动	小组讨论是否热烈	是否积极回答问题	实验的参与度
	是	是	100%参与实验探究过程

2. 学生访谈

请你谈一下这三节课学习的感受。

（1）学生1：经过三节课的学习，我掌握了铁及其化合物的相关知识，对氧化还原原理有了更深刻的理解，知道了影响物质氧化性、还原性的因素，如浓度等。

（2）学生2：我掌握了实验探究的一般思路和方法，下次再遇到实验问题，我就可以按照这次的学习经验，建立假设或进行预测，然后设计方案并实施，经过实验现象的分析得出结论。如果实验现象不能得出结论，那么就需要对探究过程进行调整，哪个环节出现问题就调整哪个环节，如重复试验、重新进行假设等。

（3）学生3：通过本节课的学习，我知道了化学反应的发生是有条件的，条件不同，产物不同，如铁在不同条件下与氧气的反应。

（4）学生4：我了解了铁器文物原来并非那么遥不可及，通过化学知识的分析，我也能为文物的修复或保护工作做点事情，很开心。

（5）学生5：这三节课都在做实验，我的操作能力、对比实验做得比较顺手了。

（6）学生6：我挺喜欢最后一节课汇报的形式，原来我没想到能在全班同学面前进行汇报，虽然这次汇报，我可能还是有点紧张，但是下次我应该会有进步的。

通过学生访谈，发现学生对于这种情境式学习和主题式学习非常感兴趣，这种学习方式，学生的参与度极高，学生的兴趣得到极大的激发，在实验探究的过程中生成问题，通过查阅资料、小组讨论等方式解决问题。

六、教学设计特色说明与教学反思

本案例为三课时的主题整体设计案例，"铁及其化合物的性质"是高中化学必修课程的核心内容之一，铁元素是典型的金属元素，在生产、生活等各方面应用广泛。

本主题的学习过程具有较为丰富的化学学科核心素养发展价值。

1. 课上课下结合，改变学习方式

本教学设计采用课上课下相结合的学习方式。因为铁器生锈的过程比较漫长，第三课时的实验探究过程在课下进行，将学生分成 3 个学习小组，学生在课下查阅资料、设计实验方案、进行实验、结果分析、方案优化，以期最终达到指导试剂应用的目的。

教师利用课下时间给予学习小组个性化指导，并通过与学生共同讨论，生成课上想与其他小组同学可以分享的问题，通过查阅资料，结合实验现象解决问题。在课上有针对性地组织学生活动，提高活动效果。课上课下结合的学习方式过程丰富了学生的学习内容，延长了学习时间，拓展了交互空间，整体突破了学习的方式。

2. 设计结构教学，实现深度学习

本案例以"一件铁器文物前后变化"为主要情境线，在教学设计的组织方面注重结构化，三课时的结构总体设计是以探究活动为主题，分别探究铁器的腐蚀产物、铁器的腐蚀机理和铁器腐蚀的影响因素；在学生知识生成方面注重结构化，首先要解决"是什么"的问题，再研究"为什么"和"怎么办"的问题；在学生能力提升方面注重结构化，实验探究能力的发展是逐步进行的，首先建立实验探究的一般思路和方法，其次完善实验探究的思路和方法，最后对实验探究的过程有一定的创新和发展，以表 9 中【实验 2】为例说明学生实验能力的发展，具体如图 6 所示。

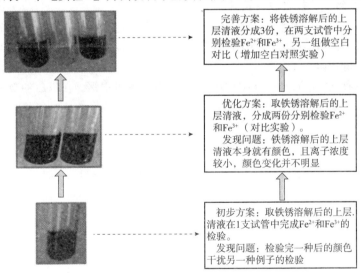

图 6　Fe^{2+} 和 Fe^{3+} 检验过程中学生实验能力的发展

3. 活动层层递进，发展核心素养

本案例包括 3 个探究任务，每个探究任务包括 2～3 个学习活动，活动的设计指向学生的能力进阶，即核心素养的表现水平进阶，学生在完成任务、经历活动的过程中实现化学学科核心素养的发展。

以"科学探究与创新意识"的化学学科核心素养为例，在本案例中，学生通过铁器文物一系列的探究任务，在物质性质类型的活动中获得探究能力、素养发展。在具体的活动中，以"探究铁器的腐蚀产物"为例，分解成 4 个活动环节：

（1）预测性质、设计方案，诊断学生已有的探究水平；

（2）对预测的性质和设计的方案进行解释说明，使学生从基于经验事实预测物质性质的水平发展到基于物质类别、元素价态预测物质性质的水平，从基于实验经验设计方案的水平发展到依据氧化还原思路设计方案的水平；

（3）检测 Fe^{2+} 与 Fe^{3+} 的方法选择、评价过程中，使学生在方案设计方面从孤立水平发展到系统水平；

（4）实施实验并获得结论，发展学生依据实验现象推论反应实质的推理能力。

4. 思路方法外显，促进自主迁移

本案例中的学习任务需要学生通过课上课下经历多次交流研讨和概括梳理活动，需要学生独立思考，或以"学习小组"为合作模式，用图示、海报等方式呈现任务完成的结果。上述结果实际上是学生认识物质及其转化关系、进行真实问题解决的思路方法的外显。这种外显的思路方法需要学生间的紧密合作、师生间的深入追问，通过对自身思维过程的深刻反思才能提炼出来。外显的思路方法有助于学生在面对陌生情境、陌生问题时迅速地进行情境关联、问题归类，从而实现自主迁移，利用已有的化学学科知识和认识思路与方法解决问题。

5. 整合高校、社区教育资源

加强与高等院校的联系，建立稳定、可持续的通道与互动方式。本案例实施过程中，在确定铁器的腐蚀产物时，因为高中实验室的离子检验试验只能确定产物的价态不能分析具体物质存在形式，因此，分析具体物质存在形式时，我们去北京化工大学分析测试中心进行了 XRD 测试，学生对此感触很深。在以后的教学过程中我们力争开发建设一批课外学习基地，共同开发有特色的化学校本课程，积极探索全社会合作育人的途径和机制。

第三部分　教学实验篇

1. 琥珀的制作实验

一、背景知识简介

在遥远的古代，各种各样的小昆虫自由自在地居住在松树或柏树林里。可是，突然，有件事情发生了，一滴松脂掉下来，牢牢地粘住了它，它的腿脚再也不能动弹了。之后，松脂继续不断滴下，越积越多，越积越大，最终包围了小昆虫。后来，由于自然界地壳的变动，它们一起被深深地埋在地下，经过千百万年以后，树木变成了煤，松脂变成了天然透明的琥珀，小昆虫就在中间清晰可见，还保持着当年的颜色和栩栩如生的姿态，不仅看起来美丽可爱，还是研究古代昆虫的绝好资料呢（图1）。

图1　琥珀昆虫

二、实验本体研究

（一）实验目的

模拟琥珀的形成过程、制作琥珀模型。

（二）实验原理与过程

把买来的优质松香（用量的多少根据昆虫大小来决定，一般 100 g 左右就能做一块）放在烧杯内，加少量酒精（它们的比例一般采用 10∶1），用酒精灯加热，不断地用玻璃棒搅拌，直到松香熔化，所含酒精基本上蒸发即可。

然后，把要做成标本的蝴蝶、甲壳虫、小植物放在事先用硬纸折好的小纸盒内（先在折好的纸盒内衬一层蜡纸）。纸盒折成像火柴盒芯子的形状。再把熔化的松香慢慢倒入盒内。当松香凝结变硬以后，撕去纸盒，用刻刀小心地削去标本四周多余部分，这是琥珀标本的毛坯，只有上面透明，可以看清楚里面的小昆虫，其余的五面是毛糙、不透明的，看不清里面的小昆虫，还必须经过酒精洗涤，晾干，这样整块人造琥珀通身透明，小昆虫像眠像般地睡在里面，微细的结构都看得一清二楚，好像一块真的昆虫琥珀。装在玻璃盒内，标本就制作成功了。

（三）实验用品

实验仪器：烧杯、药匙、玻璃棒、石棉网、胶头滴管、酒精灯、火柴、小刀、棉签、模具。

实验药品：松香、酒精。

（四）实验注意事项

（1）加热熔化松香时，烧杯下面要加石棉铁丝网，不要直接在烧杯底下加热；否则，温度太高，松香颜色加深，影响标本透明度，不美观。

（2）对于熔化的松香，等温度降低后，用玻璃棒轻轻搅动，让混在松香中的气泡跑出，再倒入纸盒内。这样，做好的标本内就没有气泡存在了。

（3）用酒精洗涤标本毛坯时，把酒精倒进一个大口的容器里，不要把标本浸在里面，而是用左手捏住，

图 2　琥珀植物

用右手蘸点酒精，在标本不透明的地方来回摩擦，直到看上去透明为止，然后晾干。洗涤时间不能太长，在三四分钟内完成；否则标本的松香会熔化变软。

（4）选取植物时尽量选择细长的叶子，页面宽的做出来就不如松针好看（图 2）。

三、拓展阅读

（一）天然琥珀与人造琥珀的区别

实验：天然琥珀质地很轻，当把它（无任何镶嵌物的）放入水中时会沉入水底。将溶解的浓盐水加入其中，当盐的浓度大于 1∶4（1 份盐、4 份水），天然琥珀就会慢慢浮起，而人造琥珀是浮不起来的。

声音：无镶嵌的琥珀链或珠子放在手中轻轻揉动会发出很柔和略带沉闷的声音，而塑料或树脂的声音会比较清脆。

香：琥珀在摩擦时只有一点几乎闻不到的很淡的味，或者闻不出。摩擦会产生香味的琥珀叫作"香珀"。一般，琥珀只有燃烧时才会散发出松香味。

肉眼观察：天然琥珀的质地、颜色、透明度、折光率等会随着观察角度和照度的变化而变化。这种感觉是任何其他物质所没有的。琥珀透明但很温润，不像玻璃、水晶、钻石那样无遮拦地具有通透性。人造琥珀很透明，要么不透明，颜色发死、

发假。人造琥珀内部人工制作很刺眼，会感觉到是死气沉沉的冷光。

紫外线照射：将琥珀放到验钞机下，它上面会有荧光，有淡绿色、绿色、蓝色、白色等，而塑料人造琥珀则不会变色。

摩擦带静电：将琥珀在衣服上摩擦后可以吸引小碎纸屑。

手感：琥珀属中性宝石，一般情况都不会过冷过热，而用玻璃仿制的会有较冷的感觉。

（二）人造琥珀技术

人造琥珀工艺品原料易得，制作简单，且不用机械，可制成各种字画、人像、花、鸟、虫、鱼和旅游纪念品。可做胸戴、家庭摆设等饰品，销路极广。无须投资，又不用承担风险，很适合下岗职工和农闲时的农民加工生产。

1. 原料

废弃的有机玻璃碎片，氯仿（又称三氯甲烷，能溶解有机玻璃，医院、化工商店均有售）、花、鸟、虫、鱼、字画等各种实物，做模具用的硬纸或木板等物。

2. 生产工艺

（1）配制透明体：先将有机玻璃碎片砸成米粒大的小块或磨成粉末（以便于溶解），装入塑料瓶中，然后加入氯仿，盖紧瓶盖，放置几天让其溶解。氯仿的加入量要根据所溶解的有机玻璃碎屑量和溶解物的稀稠度而定，一般调成鸡蛋白样的稠度为宜，稠了可加进适量的氯仿，稀了可加进适量的有机玻璃碎屑，但必须让其彻底溶解。

（2）制作模具及灌注成型：模具可用硬纸折成，糊成各种形状，也可在木板上用刻刀刻成各种形状的凹槽。如要制作以小虫子为内容物的人造琥珀，首先要把硬纸折成一个比甲虫稍大的小盒，然后往盒内灌注一些透明体，把小甲虫轻轻放入，继续注入透明体，直至把虫体全部覆盖为止。灌注透明体要慢慢进行，以免产生气泡。灌注的量可稍多些，以免氯仿蒸发后，有机玻璃碎屑收缩时造成表面凹凸不一。将小盒放在清洁、无尘、不易被碰触的地方，待其自然干燥后去掉模具纸盒，即可得到人造琥珀。

3. 注意事项

（1）透明体必须彻底溶解，并去掉杂质，以免影响美观。

（2）内容物必须放正、放平，以防产生气泡。

（3）注入透明体时，不能留有空隙或产生气泡。

2. 阿司匹林的制备实验

一、背景知识介绍

早在1853年，夏尔·弗雷德里克·热拉尔（Gerhardt）就用水杨酸与醋酐合成了阿司匹林（乙酰化的水杨酸），但没能引起人们的重视；1897年，德国化学家菲利克斯·霍夫曼又进行了合成，并为他父亲治疗风湿关节炎，疗效极好；1897年，菲利克斯·霍夫曼第一次合成了构成阿司匹林的主要物质，但他是在他的上司——知名的化学家阿图尔·艾兴格林的指导下，并且完全采用艾兴格林提出的技术路线才获得成功的。

阿司匹林于1898年上市，发现它还具有抗血小板凝聚的作用，于是重新引起了人们极大的兴趣。将阿司匹林及其他水杨酸衍生物与聚乙烯醇、醋酸纤维素等含羟基聚合物进行熔融酯化，使其高分子化，所得产物的抗炎性和解热止痛性比游离的阿司匹林更为长效。

1899年由德莱塞介绍到临床，并取名为阿司匹林（Aspirin）。

到2015年为止，阿司匹林已应用百年，成为医药史上三大经典药物之一，至今它仍是世界上应用最广泛的解热镇痛和抗炎药，也是作为比较和评价其他药物的标准制剂。在体内具有抗血栓的作用，它能抑制血小板的释放反应，抑制血小板的聚集，这与TXA2生成的减少有关。临床上用于预防心脑血管疾病的发作。实验室通常采用水杨酸和乙酸酐在浓硫酸的催化下发生酰基化反应制取。其反应式如下：

水杨酸　　　　　　乙酸酐　　　　　　　　　乙酰水杨酸　　　　乙酸

反应温度应控制在75 ℃～80 ℃，温度过高易发生下列副反应：

水杨酰水杨酸酯

乙酰水杨酰水杨酸酯

二、实验本体研究

（一）实验目的

（1）了解阿司匹林制备的反应原理和实验方法。

（2）通过阿司匹林制备实验，初步熟悉有机化合物的分离、提纯等方法。

（3）巩固称量、溶解、加热、结晶、洗涤、重结晶等基本操作。

（4）学习红外光谱仪的使用方法（图1）。

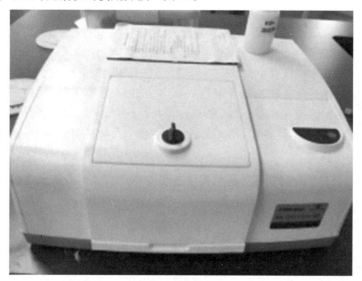

图1　红外光谱仪

（二）实验原理

水杨酸　　　　　　乙酸酐　　　　　　乙酰水杨酸　　　　乙酸

（三）实验用品

（1）实验仪器：红外光谱仪、锥形瓶（100 mL）、量筒（10 mL、25 mL）、温度计（100 ℃）、烧杯（200 mL、100 mL）、吸滤瓶、布氏漏斗、小水泵、水浴锅。

（2）实验药品：水杨酸、乙酸酐、硫酸（98%）、乙醇水溶液（35%）。

（四）实验过程

（1）加料：在125 mL锥形瓶中加入2 g（0.014 mol）水杨酸、5.4 g（5 mL，0.05 mol）新蒸乙酸酐和5滴浓硫酸。

（2）反应：旋摇锥形瓶使水杨酸全部溶解后，在水浴上加热5～10 min，水浴温度为85 ℃～90 ℃，冷却至室温后，即有阿司匹林结晶析出（若不结晶，可用玻璃棒摩擦瓶壁或置于冰水中冷却）。然后加入50 mL水，将混合物在冰水浴中继续冷却使结晶完全。抽滤，结晶用少量冷蒸馏水洗涤，抽干后将粗产物转移至表面皿上，自然晾干，产物约为1.8 g。

（3）除杂得粗产品：将粗产物转移至100 mL烧杯中，在搅拌下加入25 mL饱和碳酸氢钠溶液，加完后继续搅拌几分钟，直至无二氧化碳气泡产生，过滤，用5～10 mL水冲洗漏斗，合并滤液，倒入预先盛有4～5 mL浓盐酸和10 mL水配制成的溶液的烧杯中，搅拌均匀，即有阿司匹林沉淀析出。将烧杯置于冰水浴中冷却，使结晶完全。抽滤，用冷蒸馏水洗涤2～3次，抽干后，将结晶移至表面皿上，干燥后约1.5 g。

（4）检验纯度：用显微熔点仪测定该粗产物的熔点为133 ℃～135 ℃。取几粒结晶加入盛有5 mL水的试管中，加入1～2滴1‰三氯化铁溶液，观察有无颜色反应，确定是否需要进一步精制。若需精制，可将上述结晶溶于最少量的乙酸乙酯中（4～6 mL），溶解时应在水浴上小心加热，若有不溶物出现，可用预热过的玻璃漏斗趁热过滤，将滤液冷却至室温即有结晶析出。抽滤，可得纯产品。

（五）分析结果

使用红外光谱测定阿司匹林的结构。若实验不成功，可以用水杨酸代替产品进行红外光谱检测。

（六）实验注意事项

（1）本实验中使用了浓硫酸，注意安全，以防溅到皮肤上。另外，此实验需要的浓硫酸浓度必须保证。

（2）本实验需冷水浴，并需提前几天用矿泉水瓶在冰箱里冷冻制冰。

（3）冰醋酸气味特别刺激，建议用蒸馏烧瓶塞上塞子做实验，留下支管口。或改用三口瓶，但是比较复杂。

（七）问题分析

（1）由于分子内氢键的作用，水杨酸与醋酸酐直接反应需在150 ℃～160 ℃才能生成阿司匹林。加入酸的目的主要是破坏氢键的存在，使反应在较低的温度（90 ℃）下就可以进行，而且可以大大减少副产物，因此，实验中要注意控制好温度。仪器要全部干燥，药品也要实现经干燥处理。乙酸酐必须是新蒸的，收集139 ℃～140 ℃的馏分，否则产率很低。

（2）水浴加热温度不宜过高，时间不宜过长，否则副产物可能增加。

（3）为了检验产品中是否还有水杨酸，利用水杨酸属酚类物质可与三氯化铁发生颜色反应的特点，用几粒结晶加入盛有3 mL水的试管中，加入1～2滴1‰ $FeCl_3$溶液，观察有无颜色反应（紫色）。

（4）阿司匹林受热后易发生分解，分解温度为126 ℃～135 ℃，因此，重结晶时不宜长时间加热，控制水温，产品采取自然晾干。

三、拓展阅读

神奇材料"玉米塑料"的真身——聚乳酸

用玉米塑料制成的日常生活用品和其他工业品，都能够在使用后完全降解成二氧化碳和水，所以，人们又将玉米塑料称为"神奇塑料"（图 2）。

图 2　淀粉基环保袋

沃尔玛表示，从 2005 年 11 月 1 日开始，在美国的沃尔玛超市和邻近国家的沃尔玛超市开始使用玉米塑料作食品包装，这种玉米塑料由美国 NatureWorks 公司生产。同时，沃尔玛还宣布在未来几年内将在全球的沃尔玛超市逐步推广玉米塑料食品包装，从而全面取代一直以来使用的化工塑料食品包装。

沃尔玛在全球拥有商店、购物广场、会员店、社区店等大大小小的超市，其食品包装的消耗量可想而知。沃尔玛公司表示，虽然玉米塑料的价格高于化工塑料，会加大沃尔玛公司的销售成本。但是化工塑料食品包装频繁被爆出致癌的消息，让消费者对化工塑料食品包装失去了信任。选择无毒、无害、环保的玉米塑料食品包装，才能够在激烈的市场竞争中重新获得消费者的信任（图 3）。

图 3　一次性玉米塑料制品

资料显示，玉米塑料已经在医用骨钉、组织工程医学等方面得到成功的应用，而在日常生活中的应用一直都未能获得突破。沃尔玛的玉米塑料行动使得一直在塑料产业边缘徘徊的玉米塑料跨出了进入主流市场的第一步，执着于玉米塑料的"玉迷"完成了一个漂亮的转身。

2005 年 7 月，上海同济大学材料科学与工程学院副院长、纳米与生物高分子材料研究所所长任杰教授对外宣布，他研究成功的玉米塑料"一步法"生产工艺已经开始产业化，而"一步法"生产的玉米塑料颗粒价格为 1 000 美元/吨，基本接近正品化工塑料颗粒的价格。这一消息也为玉米塑料打开了一扇"平民化"的量产之门。

经过十年的打磨，玉米塑料的技术发展已经成熟，美国 NatureWorks 公司的玉米塑料应用已经开始进入塑料产业。虽然大多还处在产业试验阶段，但是已经显示出强劲的实力要在塑料产业大展拳脚。

首当其冲的就是包装行业。塑料包装制品是塑料行业中的一大支柱产业，包括塑料袋、食物包装盒、饮料包装等。玉米塑料在包装行业中的应用则是最广泛的，在日本、欧洲等国家已经开始将玉米塑料应用于包装材料。

在 2005 年的日本爱知世博会上，日本的企业展示了玉米塑料制成一次性餐盒、饮料杯、食品包装袋、塑料托盘等从生产、使用到降解的全部过程。目前日本旭化成、东洋治罐等包装公司已经开始涉足玉米塑料包装的生产。

目前，全球的玉米塑料原材料都来源于 NatureWorks 公司，其成本较高，使得处于下游产业链的包装业没有形成产业规模，日本和欧洲各国包装制品公司生产的玉米塑料产品只是在部分地区使用推广，处于产业实验阶段。

制造农用地膜的材料主要来自化工塑料，而化工塑料农用地膜的不可降解性，导致了环境的严重污染。使用玉米塑料农用地膜，使用后，直接将地膜就地填埋降解，避免了化工塑料造成的污染。

记者了解到，在欧洲和中国的部分地区已经开始生产以玉米塑料为原材料的农用地膜。可是一些合成的塑料地膜中加入了可降解的材料，后果更为严重，合成塑料直接降解到土地中，导致耕地的板结。

在纺织业，玉米塑料制成的玉米纤维透气性和手感都好于涤纶，能够改变涤纶材料容易起静电、透气性差的缺点。法国的范思哲公司已经将玉米纤维应用在部分高级男装上，而美国的杜邦公司看中了玉米纤维的透气性，将它使用在内衣上；还有些公司已经研发出玉米纤维制成的袜子、手套。

玉米塑料还可以用于塑料玩具、家用电器的塑料外壳、汽车内饰、塑钢门窗等。例如，日本富士通公司制造了玉米塑料外壳的手提计算机，日本的一些玩具公司已经开始研制玉米塑料制成的玩具。

除日常用品中的广泛适用外，玉米塑料在医学方面的表现尤为突出，也是玉米塑料应用的最为成功的领域。如医用骨钉，以前治疗骨折等骨科疾病使用的是不锈钢骨钉，病人必须经过两次手术才能治愈。使用了玉米塑料骨钉后，只需一次手术植入骨钉，在病愈的同时，骨钉也降解在人体内。记者了解到，玉米塑料骨钉的价格比不锈钢骨钉高出 50% 左右，但是大量的病人为了避免两次手术的痛苦，会选择玉米塑料骨钉。

玉米塑料在组织工程支架方面的应用是不可替代的，皮肤组织工程中的皮肤培育支架一直都是困扰的问题。玉米塑料支架在皮肤培育成功后直接降解成二氧化碳和水，可以在很大程度上缓解病人的痛苦。

3. 食用油酸价和过氧化值的测定

一、背景知识简介

（一）食用油的酸价

酸价：中和 1 g 油脂中游离脂肪酸所需 KOH 的克数。它用于测定油脂中游离脂肪酸的数量，是检验油脂的重要指标，单位为 mg KOH/g。

酸价是脂肪中游离脂肪酸含量的标志，脂肪在长期保藏过程中，由于微生物、酶和热的作用发生缓慢水解，产生游离脂肪酸，而脂肪的质量与其中游离脂肪酸的含量有关。一般，常用酸价作为衡量标准之一。在生产的条件下，酸价可作为脂肪水解程度的指标，在其保藏的条件下，则可作为脂肪酸败的指标。酸价越小，说明油脂质量越好，新鲜度和精炼程度越好。

（二）食用油的过氧化值

食用油的过氧化值是评价食用油是否符合国家卫生标准最常用的理化指标之一。油脂氧化后生成过氧化物、醛、酮等氧化能力较强，能将碘化钾氧化成游离碘。可用硫代硫酸钠滴定。过氧化值越高，说明油脂和脂肪酸被氧化程度越高，食用油的变质就越严重，对人体的危害越大。

（三）食用油中酸价和过氧化值的限量标准

根据《食品安全国家标准植物油》（GB 2716—2018），部分食用油的酸价卫生标准见表 1。

表 1　酸价

项目	酸价/（mg KOH·g⁻¹）		
	植物原油	食用植物油（包括调和油）	煎炸过程中的食用植物油
米糠油　　　≤	25	3	5
棕榈（仁）油、玉米油、橄榄油、棉籽油、椰子油　≤	10		
其他　　　　≤	4		

根据《菜籽油》（GB/T 1536—2021）、《大豆油》（GB/T 1535—2017）、《玉米油》（GB/T 19111—2017）、《油茶籽油》（GB/T 11765—2018）、《葵花籽油》（GB/T 10464—2017）、《米糠油》（GB 19112—2003）、《花生油》（GB/T 1534—2017）、《棉籽油》（GB/T 1537—2019）规定了各食用油中过氧化值的限定标准，见表2。

表 2 食用油中过氧化值限定标准

品名	过氧化值/（mmol·kg^{-1}）
花生油、葵花油、米糠油	≤9.0
菜籽油、大豆油、胡麻油、玉米胚芽油、茶油、麻油、棉籽油	≤5.5
色拉油	≤4.5
原油：菜籽油、大豆油、花生油、葵花籽油、棉籽油、米糠油、油茶籽油、玉米油	≤4
成品油：菜籽油、大豆油、玉米油和浸出茶籽油	≤5.0
成品油：葵花籽油、米糠油和浸出花生油	≤5.0
成品油：压榨花生油和压榨茶籽油	≤6.0
成品棉籽油	≤4.5
麻油	≤11
食用猪油	≤15
人造奶油	≤10
食用植物油、棕榈油	≤9.0

单位换算：1 meq/kg＝0.5 mmol/kg＝8.0 μg/g（以 O 计）＝0.012 69 g/100 g（以 I$_2$ 计）。

二、食用油的酸价检测实验本体研究

（一）实验目的

（1）了解食用油的酸价的定义与意义。

（2）学会用比色法测定食用油酸价的原理和方法。

（3）培养健康的饮食习惯。

（二）实验原理

食用油酸败形成的化合物经过提取，与检测试剂反应生成有色化合物，在

550 nm 处测定其吸光度，将空白对照液与检测样品液对换，所得吸光度与含量成正比，如图 1 所示。

（三）实验用品

1. 材料与试剂

检测对象：食用植物油、食用猪油、花生油、葵花油、米糠油等。

纯净水、无水乙醇、食用油酸价检测液等。

2. 仪器与设备

全光谱检测仪、移液枪、20 mL 量筒、样品瓶、比色皿。

（四）实验过程

1. 样品的制备

（1）空白对照制备。

1）准确量取 1 mL 油样于 20 mL 量筒中，用乙醇稀释至 10 mL 刻度，作为样品液。

2）取 3 mL 食用油酸价检测液于比色管中，准确加入样品液 100 mL，搅拌混匀，备用。

（2）样品的制备。取 3 mL 食用油酸价检测液于比色管中，备用。

注：每测定一个样品都需进行一次空白对照试验。

检测项目：食用油酸价
检测通道：1
样品名称：
样品种类：
吸光度：-0.007
浓度：0.0
单位：mg KOH/g
限值：
结果：
检测时间：
2016-06-14 14：03：54

检测项目：食用油酸价
检测通道：2
样品名称：
样品种类：
吸光度：1.334
浓度：168.251
单位：mg KOH/g
限值：
结果：
检测时间：
2016-06-14 14：03：54

图 1 检测食用油酸价结果

2. 样品检测

（1）空白对照测量。移取 2.5～3 mL 对照样品于比色皿中，放入指定的第一个通道，按"对照测量"。

（2）样品测量。移取 2.5～3 mL 检测样品于比色皿中，放入指定的通道，按"样品测量"。

（五）实验结果分析

根据数据结果，实验所用食用油样品中大部分的酸价测定值都超标。所有样品是开始使用后保存 2～3 个月的家用食用油，可见家庭普通保存方式会使食用油酸价大幅升高，生产过程中使用的添加剂对酸价影响不大。

（六）实验注意事项

（1）若检测结果超出检测范围，建议将样品进行稀释后检测，最终结果乘以稀释倍数。

（2）所用的检测液对皮肤均具有不同程度的伤害，使用时做好防护。不慎沾到皮肤应立即擦干并用大量水冲洗。

(3) 检测试剂需于阴凉处避光保存,以冰箱 2 ℃～5 ℃保存最佳。

三、食用油的过氧化值检测实验本体研究

(一) 实验目的

(1) 了解食用油的过氧化值的定义与意义。

(2) 学会用比色法测定食用油的过氧化值的原理和方法。

(3) 培养健康的饮食习惯。

(二) 实验原理

根据《食用植物油卫生标准的分析方法》(GB/T 5009.37—2003),食用油中的过氧化物经过提取,与检测试剂反应生成有色化合物,用检测仪在 550 nm 测定其吸光度,在一定范围内吸光度与其含量成正比,如图 2 所示。

检测项目: 过氧化值
检测通道: 1
样品种类:
样品名称:
吸光度: -0.004
浓度: 0.0
单位: mmol/kg
限值:
结果:
检测时间:
2016-06-14 14: 44: 52

(三) 实验用品

1. 材料与试剂

检测对象:食用植物油、食用猪油、花生油、葵花油、米糠油等;纯净水、无水乙醇、食用油酸价检测液等。

检测项目: 过氧化值
检测通道: 2
样品种类:
样品名称:
吸光度: 0.146
浓度: 7.198
单位: mmol/kg
限值:
结果:
检测时间:
2016-06-14 14: 44: 53

2. 仪器与设备

移液枪、20 mL 量筒、样品瓶、比色皿。

(四) 实验过程

1. 样品前处理

取油样 5.0 mL 于 100 mL 容量瓶中,用乙醇稀释至刻度,摇匀备用。

图 2　检测过氧化值结果

2. 检测样品的制备

(1) 对照样品的制备。

1) 在 20 mL 量筒中,加入 2.0 mL 检测液 A;

2) 加 0.25 mL(约 5 滴)检测液 B,轻轻摇动,置于暗处反应 3 min,取出后立即加水稀释(约 10 mL);

3) 加 1.0 mL 检测液 C,用水稀释至 20 mL 刻度线,摇匀,取上层清液待测。

(2) 检测样品的制备。

1) 准确移取样品液 0.2 mL 于 20 mL 量筒中;

2）加入 2.0 mL 检测液 A；

3）加 0.25 mL（约 5 滴）检测液 B，轻轻摇动，置于暗处反应 3 min，取出后立即加水稀释（约 10 mL）；

4）加 1.0 mL 检测液 C，用水稀释至 20 mL 刻度线，摇匀，取上层清液待测。

3. 检测样品测试

（1）空白对照测量。

1）取 2.5 mL 对照样品上清液于比色皿中；

2）将比色皿放入指定的第一个通道；

3）按"对照测量"。

（2）样品测量。

1）取 2.5 mL 对照样品上清液于比色皿中；

2）将比色皿放入指定的通道；

3）按"样品测量"。

（五）实验结果分析

根据数据结果，实验所用食用油样品中大部分的过氧化值测定值都不超标。所有样品是开始使用后保存 2～3 个月的家用食用油，跟酸价测定是同样的样品，可见生产过程中使用的添加剂对过氧化值的控制效果较好。

（六）实验注意事项

（1）若检测结果超出检测范围，建议将样品进行稀释后检测，最终结果乘以稀释倍数。

（2）所用的检测液对皮肤均具有不同程度的伤害，使用时请做好防护。不慎沾到皮肤，应立即擦干并用大量水冲洗。

（3）检测试剂需于阴凉处避光保存，以冰箱 2 ℃～5 ℃保存最佳。

四、拓展阅读

（一）食用油中具重要健康作用的脂肪酸

脂肪酸是构成动物油和植物油的主要成分之一，不同的油，脂肪酸构成也不同。根据人体是否能够自身合成，可分为必需脂肪酸和非必需脂肪酸。前者是指人体无法合成或者合成量不足，需要从膳食中摄取的脂肪酸。$\omega-6$ 系列的亚油酸（十八碳二烯酸）和 $\omega-3$ 系列的亚麻酸（十八碳三烯酸，PUFA）是人体必需的两种脂肪酸。它们都是多不饱和脂肪酸，其中以亚油酸最为重要，它在一定程度上可以替代和节约亚麻酸。缺乏必需脂肪酸可引起生长迟缓、生殖障碍、皮肤损伤及肾脏、肝脏、神经和视觉方面的多种疾病。必需脂肪酸属于多不饱和脂肪酸，过多的摄入可使体内的氧化物、过氧化物等增加，同样对机体可产生多种慢性危害。

常见食用油成分组成及特点见表3。

表3 常见食用油成分组成及特点

食用油名称	饱和脂肪酸/%	多不饱和脂肪酸/%	亚麻酸/%	功能特点
猪油	42	48	10	食用过多会导致体内胆固醇增加，导致心血管疾病。可长时间高温烹饪
大豆油	15	24	61	富含卵磷脂、胡萝卜素。不宜高温油炸，发烟点低，精制时需添加许多抗氧化剂
菜籽油	6	58	36	多不饱和脂肪酸较高，可减少心血管疾病的罹患，但稳定性较差
玉米油	14	29	57	富含 VE，可降低血中胆固醇，增进新陈代谢，具有抗氧化作用。耐高温。含卵磷脂和生育酚
花生油	21	49	30	各成分较平均，油质较稳定，适合高温油炸
橄榄油	15	73	12	具有较高稳定抗氧化成分与抗热性，可降低胆固醇及预防冠状动脉心脏病
麻油	15	54	30	含有较多抗氧化剂，如维生素及独特芝麻醇。但不宜高温烹调，发烟点低

（二）如何选用食用油更健康

橄榄油：营养价值高，不耐高温烹饪，适合调拌沙拉；

大豆油：含有大量的亚麻酸，适合炒菜、炸食；

菜籽油：油菜籽经过制浸而成的油，适合炒菜、炸食；

玉米油：亚麻酸含量高，适合炒菜；

花生油：高营养价值，适合炒菜、炖菜；

总之，多种食用油搭配食用，均衡膳食才更有利于健康。

4. 农药残留检测实验

一、背景知识简介

蔬菜最大的食品安全问题就是农药残留所造成的危害。遗憾的是，现代农业已经离不开农药了，我们的餐桌上几乎找不到没被喷洒过农药的蔬菜。我们只能要求蔬菜中的农药残留量在安全范围内。

那么，现状又怎样呢？全世界每年大约有200万人因农药污染而得病，其中死亡人数高达4万左右。农药残留的危害不仅是造成急性中毒，更令人担忧的是慢性中毒，以及致癌、致畸和致突变。因为这些危害进程缓慢，往往容易被忽视，对人体的危害更大。

使用农药有哪些安全问题？

（1）违反规定大量使用剧毒或高毒农药。有的菜农为了追求杀虫效果、节省成本，使用国家禁用的剧毒或高毒农药。这些农药虽然杀虫效果好、用量少、费用低廉，但对人体的危害非常大。

（2）施用农药的安全间隔期大大缩短。农药喷洒在蔬菜上以后会逐渐分解，杀虫作用也逐渐减弱、消失。经过一定天数后，残留的农药对人的毒性就小了。所以，农作物经过施药以后，过了安全间隔期再食用，就比较安全。由于各种农药的稳定性存在差异，不同农药对各种农作物的安全间隔期也各不相同。让人忧心的是，在蔬菜供应紧张的季节，有少数不法菜农为了抢季节、卖高价，施药短短几天后就收割上市供应。这些农药残留量高的蔬菜如果在食用前未经彻底清洗，就可能引发中毒事件。

二、实验本体研究

（一）实验目的

（1）通过农药残留检测，体会、学习化学的社会价值。

（2）通过农药残留检测过程，熟悉化学实验操作。

（二）实验原理

农药速测卡是用对农药高度敏感的胆碱酯酶和显色剂做成的酶试纸，可以快速检测蔬菜中有机磷和氨基甲酸酯两类用量较大、毒性较高的杀虫剂的残留情况。本法抗干扰性强，操作简便，是现场检测的最佳方法。产品容易储存，携带方便。

（三）实验用品，是现场检测的最佳方法

（1）仪器：电子秤、140 mL 小烧杯、一次性滴管、小刀、剪子、镊子、农残检测仪，一次性称量杯，提取瓶。

（2）药品：农残检测卡、提取液。

（四）实验过程

（1）学习农药残毒快速检测仪的使用方法。

（2）选取有代表性的蔬菜样品，擦去表面泥土，剪成 1 cm 左右见方碎片，取 5 g 放入带盖瓶中，加入 10 mL 纯净水或缓冲溶液，振摇 50 次，静置 2 min 以上。

（3）取一片速测卡，撕去上盖膜，用白色药片蘸取提取液，放置 10 min 以上进行预反应，有条件时，在 37 ℃恒温装置中放置 10 min。预反应后的药片表面必须保持湿润。

（4）将速测卡对折，放入农残检测仪，恒温装置恒温 3 min，使红色药片与白色药片叠合发生反应。根据白色药品的颜色变化判读结果。

（5）每批测定应设置一个纯净水或缓冲液的空白对照卡。

（五）分析结果

与空白对照卡比较，白色药片不变色或略有浅蓝色均为阳性结果，不变蓝为强阳性结果，说明农药残留量较高，显浅蓝色为弱阳性结果，说明农药残留量相对较低，如图 1 所示。白色药片变为天蓝色或与空白对照卡相同，为阴性结果。对阳性结果的样品，可用其他分析方法进一步确定具体的农药品种和含量。分析结果可填入表 1 中。

阴性

弱阳性

强阳性

图 1　速测卡

表1　分析结果

样品名称				
实验试纸				
结论				

学生实验过程和结果如图2~图4所示。

（六）实验注意事项

（1）葱、蒜、萝卜、韭菜、芹菜、香菜、茭白、蘑菇及番茄汁液中，含有对酶有影响的植物次生物质，容易产生假阳性。处理这类样品时，可采取整株（体）蔬菜浸提或采用表面测定法。对一些含叶绿素较高的蔬菜，也可采取整株（体）蔬菜浸提的方法，减少色素的干扰。

（2）当温度条件低于37 ℃时，酶反应的速度随之放慢，药片加液后放置反应的时间应相对延长，延长时间的确定，应以空白对照卡用手指（体温）捏3 min时可以变蓝，即可进行下一步操作。样品放置的时间应与空白对照卡放置的时间一致才有可比性。空白对照卡不变色的原因：一是药片表面缓冲溶液加的少、预反应后的药片表面不够湿润；二是温度太低，需要进行适当的保温。

（3）农药速测卡对农药非常敏感，测定时如果附近喷洒过农药或使用过卫生杀虫剂，以及操作者和器具沾有微量农药，都会造成对照和测定药片不变蓝。

（4）红色药片与白色药片叠合反应的时间以3 min为准，3 min后蓝色会逐渐加深，24 h后颜色会逐渐褪去。

（5）保存条件。阴凉、干燥、避光保存，有条件者放于4 ℃冰箱中。农药速测卡开封后最好在1天内使用完，如一次使用不完可存放在干燥器中，一周内使用完毕。保质期为1年。

图2　实验过程1

（七）问题分析

滴加的提取液不够，试纸变干，易导致实验失败。

图 3　实验过程 2

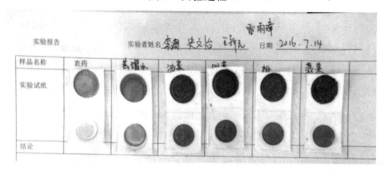

图 4　学生实验成果

三、拓展阅读

（一）农药速测卡对几种常用农药的最低检测限（单位：mg/kg）

甲胺磷 1.7　　　马拉硫磷 2.0　　　水胺硫磷 3.1　　　对硫磷 1.7

氧化乐果 2.3　　久效磷 2.5　　　乙酰甲胺磷 3.5　　敌敌畏 0.3

乐果 1.3　　　　敌百虫 0.3　　　呋喃丹 0.5　　　　西维因 2.5

好年冬 1.0

以上是由卫计委食品卫生监督检验所和北京市产品质量监督检验所等七个单位用气相色谱法对比试验和验证数据的统计结果。

（二）如何去除果蔬上的残留农药

现代农业伴随着农药和化肥的发展而发展。当人们越来越关注健康后，果蔬上的农药残留也就越来越引起人们的忧虑。其实"农药"是一个很宽泛的概念。有的人把肥料之外的所有农用物质都当作"农药"，而有的人只把"化学合成"的用于抗虫杀菌的药物叫作"农药"。

　　无论按照广义的还是狭义的概念，农作物种植中的农药种类都极为巨大。在新闻媒体上，也经常出现"某某果蔬上检测出多少种农药"的报道。在讨论如何"去除"这些农药残留之前，先说两点常识：

　　第一，"检出农药残留"与"危害健康"不是一回事。任何农药都需要达到一定的量才会产生危害。这个"不产生危害的量"是由国家标准进行规范的。作为"有毒物质"，研究其毒性一般在动物身上进行。用不同剂量的农药喂养（或者其他方式让动物接触），找出动物"不表现出任何异常的最大剂量"。一般来说，考虑到人和动物的差异及人与人之间的"体质不同"，用这个剂量的 1% 来作为人的"安全剂量"。再根据人们每天可以吃到食物的最大量，来制定食物中的"安全上限"。可以说，基于目前科学对于农药的认识，只要不超过这一上限，那么可以认为没有健康风险。如果有新的科学数据出现，显示在更低的剂量下"也可能有害"，那么就会修改安全标准。

　　第二，"有多少种农药"跟"有害剂量"是两回事。不同的农药是针对不同的虫害或者病害，作用机理一般不同。即使有同类的农药作用会累加，也是根据其"残留量有多大"，而不是根据"有多少种"来判断是否有害。也就是说，如果每种的残留量都低于国家标准，那么危害可以忽略；如果残留量超标，那么即使只有一种，也是不合格产品。

　　农药毕竟对于人体没有价值，而"安全数据"也都是通过实验数据推测制定的。所以，我们还是希望"尽可能降低它们的存在"。开发毒性更低的农药以及规范生产中的使用是根本途径。对于消费者来说，对于手中的果蔬，有哪些方法可以去除"可能存在"的农药残留呢？

　　科学界对此进行了许多研究。各种农药特性不同，而任何去除方法都是针对某一特性。也就是说，对一些农药是有效的，可能对另一些无效。要想找到一种能去除所有农药的"万能"方法，基本上不能实现。

　　2010 年的《食品与化学毒性》杂志上，发表了比利时学者总结的去除果蔬农药残留的研究综述。他们发现，焯水、去皮、油炸、清洗（并结合其他处理）是最有效的几种途径。

　　其中油炸平均可以去除 90%，焯水则接近 80%。但是考虑到多数蔬菜、水果并不适合油炸，而油炸本身又带来高脂肪、高热量及破坏其他营养成分，并不是一种好的选择。焯水，即放到开水中烫一下就捞出来，高效而对营养成分的破坏比较小，对于很多蔬菜来说更加可行。但如果长时间煮，则对农药的去除效率会明显下降。该综述的计算结果是平均不到 20%。这有可能是经过长时间的加热，蔬菜细胞被破坏了，到了水中的农药又可能进入蔬菜中。

加热对于农药的影响可能比数字显示的更加复杂。例如，有些农药在高温下会分解，分解的产物有些无毒，有些却可能更毒。在不清楚的前提下，通过烹饪前处理来去除，无疑是更好的方案。

清洗是研究得最多的方式。美国康涅狄格州政府的一个部门曾经进行过一项规模比较大的清洗去农药残留的研究。他们选取了 28 批次的生菜、草莓等果蔬，分别检测清洗前后几种常见农药的含量变化。他们使用了自来水、洗涤灵及 4 种专门的"果蔬清洗剂"。结果发现，每种方法都能显著降低农药残留，但是这些专门的果蔬清洗剂与清水没有区别。他们还发现，这些农药残留是否容易被洗掉，与它们的溶解性关系很小，主要是被清洗时的机械运动去除的。所以，他们的建议是：在自来水下冲洗 30 s 以上，伴随着搓洗。

还有人喜欢用酸水、碱水或盐水来浸泡果蔬。这些方式对于某些果蔬、某些农药是有效的。例如，一项研究中青椒用 2% 的盐水浸泡 10 min 后清洗，可以去除 80% 以上的农药残留。但是如果有的蔬菜表皮细胞被这些浸泡溶液破坏，那么洗到水中的农药残留又有可能进入蔬菜中，类似于焯水和久煮的情况。

清洗能够去除表面的农药，但是对于渗入皮内的就无能为力。一般来说，渗入的部分主要分布在表皮内，所以去皮是很有效的手段。如土豆，去皮可以去掉 70% 以上的残留农药。

总的来说，去除果蔬农药残留的三板斧是清洗、去皮、烹饪。如果仍然担心，水果、蔬菜尽量多样化也会有帮助。不同的水果、蔬菜使用的农药不同，多样化的选择也就可以减少每种农药残留的摄入量。因为这些不同的农药不见得会产生累加危害，这样也就有助于减少"万一存在的风险"。

（三）如何减少农药残留的危害

1. 选

夏季要尽量少吃"高危蔬菜"，如鸡毛菜、小白菜、青菜、韭菜、卷心菜、芹菜及刀豆、豇豆等。这些蔬菜容易有菜青虫、小菜蛾、蚜虫等虫害。应该选择食用虫害较少、相对安全的蔬菜品种。

农药残留较少的蔬菜有青椒、番茄、马铃薯、胡萝卜等茄果类、根茎类蔬菜，其农药残留量超标的现象较少。葱、蒜、洋葱、香菜等蔬菜，由于气味大，虫害少，用药量小，农药残留量也较少。莲藕、茭白等水生类蔬菜的农药残留量也不多。还有南瓜、冬瓜、地瓜、山药、冬笋、竹笋等属于农药残留量少的一类蔬菜。

虫子咬过的蔬菜更安全吗？

有人喜欢挑选菜叶上虫咬孔洞较多的蔬菜，以为这类蔬菜未曾喷洒农药或喷洒较少。然而，实际情况可能恰恰相反：菜农发现蔬菜虫咬严重，往往会施用更多的农药，农药渗入虫咬过的菜叶内部，即使用水冲洗也不易去除。因此，不要购买虫咬严重的蔬菜。

2. 测

农药残留量的多少用肉眼没办法看出来。目前，各地农贸市场检测蔬菜农药残留量的手段较落后，单靠现有的检测杜绝农药残留超标的蔬菜是不可能的。作为消费者，我们只能自己想办法防范。

自己检测农药残留的小窍门：

有一种"农药残留速测卡"，目前是监管部门用于快速检测农药残留量的初筛方法之一，价格不高，操作简单。如果对准备购买的蔬菜不放心，可以用它测，10分钟左右就可以看出结果，对于测高剂量、急毒性的农药残留较管用。

3. 洗

蔬菜在烹调前一定要清洗干净。先用水冲洗掉表面污物，然后用清水浸泡，可以去除部分农药残留。

彻底清洗蔬菜的小窍门：

第一步，用流水将蔬菜洗净。

第二步，浸泡（用流水漂洗当然比浸泡的效果好，但是太浪费水了）。浸泡时间最好为15～20 min。浸泡时间并不是越长越好，浸泡15 min与浸泡60 min，对农药残留的去除效果差不多。而且，浸泡时间太长反而会产生不利因素。浸泡时加入少量安全的果蔬清洗剂有利于去除农药残留。污染蔬菜的农药品种主要为有机磷类农药，它在碱性条件下会迅速分解，将蔬菜在碱水中浸泡5～15 min可有效去除。

最后一步，烹调前再用清水冲洗干净。特别是如果浸泡时使用了果蔬清洗剂，一定要注意把果蔬冲洗干净，因为清洗剂残留也会对人体造成损害。

4. 烫

夏季烹调蔬菜前，可以在清洗、浸泡的基础上，用开水漂烫，由于氨基甲酸酯类杀虫剂随着温度升高分解加快，能去除大部分农药残留，还能除去硝酸盐等有害物质。

5. 去

蔬菜瓜果表面的农药残留时相对较多。能去皮的蔬菜，如黄瓜、番茄等，最好去皮后再食用。切韭菜时，根部可多切掉些。

6. 放

农药能够缓慢分解为对人体无害的物质。所以，耐储藏的蔬菜，如大白菜、南瓜、冬瓜等，储存一段时间，可不同程度地减少农药的残留量。

5. 海带中提取碘的实验

一、背景知识简介

植物中某些成分有着重要的用途，从植物中提取这些成分是人们对植物利用的一个重要方面。近年来，随着国际上"回归自然""绿色消费"渐成时尚，植物提取物已广泛应用于饮料、食品烟草、洗涤剂、化妆品、制药等行业，它是一种新兴的高科技产品，有着非常广阔的前景。碘是人体生命活动中极为重要的微量元素之一，缺碘会患甲状腺肿大。人体的碘主要来源之一是海洋生物，尤其是资源丰富的海带中含有丰富的碘，可用来纠正因长期缺碘引起的甲状腺功能不足，使肿大的甲状腺体缩小，又有促进炎性渗出物吸收，并使病态组织崩溃、溶解。多食海带能防治此病，还能预防动脉硬化，降低胆固醇与脂的积聚。因此，对海带中碘的提取无论是对人类生活还是对海带成分的分析都具有重要的意义。

二、实验内容分析

"实验化学"模块的目标之一是让学生掌握基本的化学实验方法和技能，了解化学实验研究的一般过程，初步形成运用化学实验解决问题的能力。

本节课的内容属于"物质的分离"主题。通过"从海带中提取碘"这一课题，使学生掌握灼烧、过滤、萃取等分离方法的原理和操作技能，在此基础上，通过对实验的改进，让学生体会化学科研实验中的很多细节问题，从而培养学生的实验科学素养。

知识脉络如图 1 所示。

图 1　知识脉络

实验流程如图 2 所示。

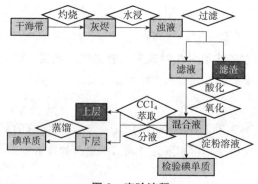

图 2　实验流程

三、实验研究

（一）实验目的

通过煅烧从海带中得到碘化物，并验证单质碘的存在。

（二）实验原理

碳水化合物的组成，氧化还原反应，相似相溶原理 I_2，与淀粉溶液的特征显色反应，萃取、过滤的操作等原理。

反应原理：$2I^- + H_2O_2 + 2H^+ = I_2 + 2H_2O$。

（三）实验用品

实验仪器：铁架台、铁圈、泥三角、煤气灯、瓷坩埚、坩埚钳、漏斗、滤纸、有刻度的小烧杯、电子天平、试管、玻璃棒。

实验药品：干海带、淀粉溶液、稀硫酸、过氧化氢、蒸馏水、四氯化碳溶液、酒精。

（四）实验过程

（1）用抹布擦去干海带表面的盐渍和泥沙。

（2）称量 2.0 g 干海带，剪碎。

（3）把海带放入瓷坩埚中，用少量酒精润湿，然后把瓷坩埚架在泥三角和铁圈上。点燃酒精灯，加盖煅烧。用玻璃棒小心地搅拌，直至海带变成黑色小颗粒，如图 3 所示。最好佩戴防护眼镜，防止迷眼。

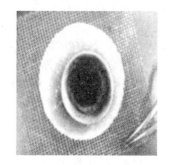

图 3　煅烧海带

（4）将冷却的海带灰转移到小烧杯中，用量筒量取 10 mL 蒸馏水倒入烧杯中，搅拌，煮沸 2~3 min。

（5）过滤，取少量澄清的滤液（图 4）滴加几滴稀硫酸溶液，然后加入 1 mL 过氧化氢，观察到溶液由无色变为棕褐色。

（6）向（5）中的棕褐色溶液中滴加几滴淀粉，观察现象，溶液变为蓝色。

(7) 取少量滤液放入分液漏斗中，然后加入 1 mL 四氯化碳溶液，振荡，静置（图 5）。引导学生观察描述分液现象：四氯化碳层为紫红色，水层基本无色。

图 4　取少量澄清滤液　　　　　图 5　放入分液漏斗

（五）实验注意事项

(1) 干海带表面附着物不要用水洗，是为了防止海带中的碘化物溶于水而造成损失。因此用刷子把干海带表面的附着物刷净。

(2) 煅烧海带时一开始需要用小火加热，因为海带是有机物，受强热时先脱水，再分解。先用小火加热，能使海带均匀充分脱水。脱水后用大火能使有机成分较快分解为碳和其他无机盐。

(3) 瓷坩埚应该加盖煅烧，加盖煅烧的目的是隔绝氧气。在有氧气参与的条件下：

$$2I^- + 4H_2O + O_2 = 2HIO_3 + 2H^+$$

(4) 如果用其他氧化剂（如硫酸、氯水、溴水），要做后处理，如溶液的酸碱度即 pH 值的调节，中和酸性到基本中性。当选用浓硫酸氧化碘离子时，先取浸出碘的少量滤液放入试管中，加入浓硫酸，再加入淀粉溶液，如观察到变蓝，可以判断碘离子氧化为单质碘。

(5) 实验时应加入少量酒精，酒精可使海带燃烧速度加快，燃烧充分。加入过量酒精，海带燃烧时间加长，得到海带灰颜色变浅，因为过量酒精能够溶解碘的化合物，随着酒精燃烧挥发，大量的碘化合物随之挥发散失。

(6) 萃取实验中，要使碘尽可能全部转移到 CCl_4 中，应加适量的萃取剂，同时采取多次萃取的方法。

(7) 要将萃取后碘的 CCl_4 溶液分离，可以采取减压蒸馏的方法，将 CCl_4 萃取剂分离出去。

（六）教学反思

1. 实验中存在的问题

(1) 学生过于热情，导致实验时丢三落四，操作不标准。

(2) 学生基本实验素质不过关，一些常见的操作不规范。

(3) 小组配合不够默契。

2. 实验问题解决方案

(1) 在以后的教学过程中，多做实验，包括演示实验和学生实验。

（2）要求学生完全理解实验步骤后再进行实验。

（3）多进行小组合作实验。

3. 实验收获

基本达到了预期的实验目的，多年来，我一直致力于培养学生的化学科学实验素养，希望学生能在规范的实验操作前提下，大胆尝试不同的实验方法，本节课的实验方案改进是我通过文献查找的，给学生做了一个范例。学生通过本节课，了解了常见的化学实验科学方法，这比教材所讲又精进了不少。通过实验想让学生明白，在学校所学的东西，将来在实验室需要灵活运用。从实验结果看有两个小组失败了，这正好反映出学生现阶段的基本问题。本次课结束以后，有两个学生来找我，他们希望做一些实验，想要我来指导。我很高兴，我告诉他们该怎样查文献，怎样制订计划。这正是这节课最想达到的目标。另外，通过这节课，我还考察了学生一些高考知识点，这样就能让我们在培养学生科研能力的同时也不忽视应试能力的培养。此外，现代化的教学手段如 iPad 的使用使课堂学习更高效，以后还要多多应用。

四、拓展阅读

（1）将草木灰用水充分溶解、搅拌，静置后取上面的清液过滤，然后蒸发结晶即可以得到碳酸钾晶体。

（2）从紫菜中提取碘，方法同海带制碘的实验操作。因此可以在实验中指定一些实验组做该实验。

（3）从海带中提取活性碘的另一种方法，是将干制海带经高温高压处理后长时间浸泡，将浸泡液过滤，再用超滤膜组件逐级过滤，保留截留分子量为 400～1 000 的液体，调整其 pH 值，先后用阳、阴离子交换树脂交换，将交换液浓缩、吸附、洗脱后，将浓缩物在 180 ℃～240 ℃下喷雾干燥即得海带活性碘。采用这种方法提取的活性碘具有化学性质稳定、安全无毒的特点，尤其适合先天性缺乏过氧化氢酶的特殊缺碘人群。

（4）实验用品：干净的玫瑰鲜花 500 g（大概 50 朵鲜花，可在鲜花店购买）、500 mL 圆底烧瓶一个、冷凝器一套、100 mL 烧瓶一个、连接小配件若干（这些都可以在化学用品店轻易买到，总设备投入大概在 100 元左右）、电磁炉一个，如图 6 所示。

图 6　实验装置

实验步骤如下：

（1）将干净的玫瑰花瓣放入烧瓶中，然后加入矿泉水，大概没过烧瓶的一半，然后放在电磁炉上。

（2）将冷凝装置与烧瓶连接好，并连接好进水口和出水口的软管，并接好收集玫瑰挥发液的烧瓶。

（3）通电加热 500 mL 烧瓶，待水煮沸后保持中火，这段时间玫瑰花瓣的颜色会逐步褪去，并且在冷凝器尾端看到类似有油状的液体滴出（因为精油不溶于水，精油跟着蒸汽流出）。

（4）长时间等待，结束的标准就是冷凝器出口处不再有类似于油状的液体滴出，而全部是蒸馏水滴出。

（5）蒸馏结束后，收集瓶中应该有大量的液体被收集，然后加入 0.1 g/mL 的氯化钠溶液 5 mL，其目的是加速分层并减低精油在水中的溶解度。

（6）静置一个晚上后，精油已经和蒸馏水分层，上层的精油需要用针管将其抽出，因为量太少，不容易抽取，而下层的就是通常说的玫瑰纯露，也称为玫瑰花水，整个提取过程到此结束。

6. 食品中亚硝酸盐含量的测定

一、背景知识简介

（一）什么是亚硝酸盐？

亚硝酸盐主要是指亚硝酸钠、亚硝酸钾等。其可分为食品用和工业用两种。食品用亚硝酸盐是一种国家允许使用的食品添加剂，其外观及味道都与食盐相似，具有防腐（通过抑制微生物细胞壁合成、能量代谢、基因表达等途径）、促进肉制品发色的作用。

促进肉制品发色的作用原理：在酸性条件下生成亚硝酸，亚硝酸分解生成亚硝基，并与肌红蛋白反应生成亮红色的亚硝基肌红蛋白，保持肉制品的良好色泽。

（二）食品中的亚硝酸盐

由于亚硝酸盐除发色作用外，还有抑菌和增强风味的作用，特别是可防止肉毒杆菌中毒，且目前尚无适当的替代物，权衡利弊，各国仍都许可使用，但都严格控制其使用范围、使用量和残留量。在用亚硝酸盐进行肉类加工的同时，加入适量维生素 C、维生素 E 可阻止亚硝胺的形成。国家对亚硝酸盐的含量规定十分严格，人体摄入量达到 0.30～0.55 g 时，会引起中毒。我国《食品安全国家标准　食品添加剂使用标准》（GB 2760—2014）规定：肉制品中亚硝酸盐的使用量不得超过 30 mg/kg。

一方面，亚硝酸盐天然存在，大米、蔬菜、肉品里面几乎都含有亚硝酸盐，含量很低；腐烂的蔬菜和放置太久的煮熟蔬菜中含量明显增高。原理是无处不在的细菌将蔬菜中固有的硝酸盐还原成亚硝酸盐。另一方面，作为合法的食品添加剂，在腌肉、熏肉、鱼干、虾皮等动物性食品中含量较高。在腌制的特殊理化环境下，一些微生物能把蔬菜中的含氮化合物还原成亚硝酸盐。

（三）食品中亚硝酸盐的限量标准

根据《食品安全国家标准 食品中污染物限量》（GB 2762—2017）和《食品安全国家标准 食品添加剂使用标准》（GB 2760—2014）的规定，部分食品中亚硝酸盐的限量标准参考值（以 $NaNO_2$ 计）见表1。

表1　部分食品中亚硝酸盐的限量标准参考值

品名	限量标准（以 $NaNO_2$ 计）/ (mg·kg^{-1})
腌渍蔬菜	20
生乳	0.4
乳粉	2.0
腌腊肉制品类，酱卤肉制品类，熏、烧、烤肉类，油炸肉类，西式火腿，肉灌肠类，发酵肉制品类	30

二、实验本体研究

（一）实验目的

（1）了解亚硝酸盐的危害与存在形式。

（2）学会用比色法测定食物中亚硝酸盐含量的原理和方法。

（3）培养健康的饮食习惯。

（二）实验原理

根据《食品安全国家标准 食品中亚硝酸盐与硝酸盐的测定》（GB 5009.33—2016），食品中的亚硝酸盐经过提取，与检测试剂反应生成有色化合物，在 550 nm 处测定其吸光度，在一定范围内吸光度与样品中亚硝酸盐含量成正比。

（三）实验用品

1. 材料与试剂

检测对象：火腿肠、炒豆芽（隔夜存放）、炒酸菜（隔夜存放）、咸菜、鱿鱼丝等。纯净水、亚硝酸盐检测液、滤纸、活性炭等。

2. 仪器与设备

多功能食品安全检测仪（图1）、超声波清洗仪、铁架台、漏斗、50 mL 烧杯、玻璃棒、电子天平、50 mL 锥形瓶、样品瓶、比色皿、移液枪（图2）。

图1　全光谱食品安全检测仪

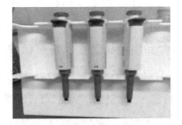

图2　移液枪

（四）实验过程

1. 样品前处理方法

（1）称取 1.0 g（1.0 mL）磨细（绞碎）的样品于锥形瓶中，加纯净水至 50 mL 刻度；

（2）超声提取 5 min，过滤备用。（若颜色较深，可加入 0.5 g 活性炭，60 ℃ 水浴加热 10 min 后，趁热过滤）。

2. 检测样品的制备

（1）对照样品的制备。取 3 mL 样品液，加入 0.5 mL 纯净水，摇匀，备用。

（2）检测样品的制备。

1）取 3 mL 样品检测液，加入 0.5 mL 亚硝酸盐检测液，混匀。

2）室温（25 ℃±5 ℃）放置 10 min，备用。

3. 样品检测

（1）空白对照测量。

1）取 2.5 mL 对照液于比色皿中；

2）将比色皿放入指定的第一个通道；

3）按"对照测量"。

（2）样品检测。

1）取 2.5 mL 待测液于比色皿中；

2）将比色皿放入指定的通道；

3）按"样品测量"。

（五）实验结果分析

根据实验结果数据，样品中只有隔夜存放后的炒豆芽中亚硝酸盐含量超标，其余样品的测定值均在国标限量范围内，可见生活中常见的大部分的食品中亚硝酸盐的含量还是在正常范围内的。不同的炒菜方式和食盐等佐料的添加方式不同会影响样品中的亚硝酸盐含量。而且做熟的菜品隔夜存放确实会引起其中的亚硝酸盐含量的上升，在平时生活中需要注意健康的烹饪方式和对于剩菜的处理。

（六）实验注意事项

（1）若检测结果超出检测范围，建议将样品进行稀释后检测，最终结果乘以稀释倍数。

（2）上述水浴加热时间可根据具体样品进行调整，如不易绞碎的鲜肉需加热 10～15 min，易绞碎的火腿肠等加热 5～10 min。

（3）上述室温为 25 ℃±5 ℃，若实际室温偏离，则可通过水浴温热或冰浴调整，以达到最优的实验效果。

（4）所用的检测液对皮肤均具有不同程度的伤害，使用时做好防护。不慎沾到皮肤，应立即擦干并用大量水冲洗。

（七）问题分析

（1）本实验中更换滤纸的时候是要用样品液还是纯净水沾湿滤纸？

（2）不同实验组对于同一种样品的测定结果差异较大的主要可能原因有哪些？

三、拓展阅读

食品工业堪称全球工业第一大产业和历史最悠久的产业。近几年来，随着社会经济的发展和人民生活水平的提高，人们对食品的需求越来越高，我国食品行业发展迅猛，其产值在 GDP 中所占的比重与日俱增。据中国食品工业协会专家预测，我国食品工业将在较长一段时间内保持快速发展势头，成为国民经济发展的一大增长点。但是近几年在食品加工中出现的食品安全问题，也令人担忧。其中，食品中亚硝酸盐含量是人们关注的食品安全中重要的问题，近年来，食品安全突发事件几次与亚硝酸盐有关，人们不免对食品中亚硝酸盐有一定的抵触和恐慌情绪。为什么食品中存在亚硝酸盐，国家对食品中亚硝酸盐的使用限制是多少？

事实上，在人们平常吃的蔬菜中就含有亚硝酸盐，平均含量为 4 mg/kg，食品工业中进行食品加工更离不开亚硝酸盐。亚硝酸盐为白色粉末，易溶于水，在食品生产中作为一种食品添加剂，因为亚硝酸盐具有抑制许多类型腐败菌生长的作用，并且在肉制品加工中具有优良的发色作用，并且能抗氧化，延缓腌肉腐败，改善肉的风味。另外，人们日常生活中喜欢吃的一些酱腌菜在腌制过程中也会产生亚硝酸盐，那么如何看待食品中的亚硝酸盐？

从微生物学的角度看，亚硝酸盐具有抑制微生物增殖、阻止腐败菌生长的功效，尤其是对肉制品中肉毒梭状芽孢杆菌有着独特的抑制效果（肉毒梭状芽孢杆菌是迄今已知的毒性最强的毒素之一，对一个成年人的致死量仅为 0.000 1 mg）。从肉制品加工工艺角度看，添加亚硝酸盐可以与肉制品中的肌红蛋白和血红蛋白反应生成亚硝基肌红蛋白和亚硝基血红蛋白，使瘦肉呈现鲜艳的玫瑰红色，明显提高肉制品的感官质量，这就是肉制品加工中的发色工艺。

然而在现实生活中亚硝酸盐中毒事件频频发生，事实上亚硝酸盐是不会在体内蓄积的，膳食中绝大部分亚硝酸盐随尿排出，不会对人体造成危害。但过量的亚硝酸盐作为强氧化剂，能使血液中正常携氧的低铁血红蛋白氧化成高铁血红蛋白，因而失去携氧能力而引起组织缺氧，出现头晕、乏力、胸闷、气短、恶心、呕吐等症状，严重的出现昏迷、呼吸衰竭，甚至死亡。

经研究已经证明，人体摄入的亚硝酸盐总量达到 0.3～0.55 g 时，会引起中毒，当摄入的总量达到 3.0 g 时会引起死亡。所以，在肉制品中亚硝酸盐的使用量不得超过 30 mg/kg，腌渍蔬菜中不超过 20 mL/kg。

有些媒体报道，亚硝酸盐属于致癌物质，这种说法并不准确。亚硝酸盐本身并不致癌，只是如果食品中含有过多的亚硝酸盐，在特定的情况下（适宜的 pH 值、温度和一定的微生物作用），可以与肉制品中蛋白质分解产生的胺结合，生成亚硝胺，亚硝胺能诱发癌症，一般情况下，亚硝酸盐在含有维生素 C 的共食条件下，在人体内环境下是不会转化成亚硝胺的，因此不可能致癌。

亚硝酸盐作为食品添加剂的使用历史由来已久，特别是亚硝酸盐在肉制品中的使用已有上千年的历史了。史书记载，在南宋时代，亚硝酸盐就用于腊肉生产。泡菜在我国历史悠久，北魏贾思勰的《齐民要术》一书中，就有制作泡菜的叙述，可见至少在一千四百多年前，我国就有制作泡菜的历史。在清朝，川南、川北民间还将泡菜作为嫁妆之一，足以见得泡菜在人民生活中所占的地位。然而泡菜的发酵过程中也会产生亚硝酸盐。

泡菜在研制过程中，发酵初期，由于泡菜中的微生物生长很快，微生物将蔬菜中的硝酸盐还原成亚硝酸盐，与此同时，蔬菜中的酚类物质和维生素 C 等物质也会将亚硝酸盐氧化，但总体来说，生成的亚硝酸盐大于被还原的亚硝酸盐，因此，随着发酵时间的进行，亚硝酸盐的含量会逐步上升。随着微生物代谢活动的持续，氧气被消耗殆尽，泡菜坛中的环境不利于除乳酸菌外其他微生物的生长。与此同时，蔬菜中的亚硝酸盐含量由于被氧化而减少，因此，亚硝酸盐的含量会逐渐下降并趋于一个相对稳定的数值。一般来说，腌制 20 天之后，亚硝酸盐的含量已经明显下降，腌制 1 个月后的菜是比较安全的。

7. 手工皂——肥皂及制作流程

一、背景知识简介

　　古代不管是东西方，最早的洗涤成分不外乎碳酸钠和碳酸钾。前者为天然湖矿产品，后者是草木灰的主要洗涤成分。肥皂的发明据传是地中海东岸的腓尼基人。传说在西元前 7 世纪古埃及的一个皇宫里，一个腓尼基厨师不小心把一罐食用油打翻在地上，他非常害怕，就趁别人没有发现时用灶炉里的草木灰撒在上面，然后再把这些混合浸透了油脂的草木灰用手捧出去扔掉了。望着自己满手的油腻，他想：这么脏的手，不知道要洗到什么时候才能洗干净啊！他一边犹豫着一边把手放到了水中。奇迹出现了：他只是轻轻地搓了几下，那满手的油腻就很容易地洗掉了。甚至连原来一直难以洗掉的老污垢也随之被洗掉了。这个厨师很奇怪，就让其他的厨师也来用这种灰油试一试，结果大家的手都洗得比原来更加干净。于是，厨房里的佣人们就经常用油脂拌草木灰来洗手。后来，法老王也知道了这个秘密，就让厨师做些拌了油的草木灰供他洗手用。

　　当然，传说毕竟只是传说，未必完全当真。但是埃及亚历山大城附近的埃及湖中盛产天然碳酸钠，因此古埃及洗涤技术相对发达，发明肥皂也就不足为怪了。

　　肥皂是脂肪酸金属盐的总称，日用肥皂中的脂肪酸碳数一般为 10～18，金属主要是钠或钾等碱金属，也有用氨及某些有机碱如乙醇胺、三乙醇胺等制成特殊用途肥皂的。肥皂包括洗衣皂、香皂、金属皂、液体皂，还有相关产品脂肪酸、硬化油、甘油等。

　　肥皂中除含高级脂肪酸盐外，还含有松香、水玻璃、香料、染料等填充剂。从结构看，在高级脂肪酸钠的分子中含有非极性的憎水部分（烃基）和极性的亲水部分（羧基）。憎水基具有亲油的性能。在洗涤时，污垢中的油脂被搅动、分散成细小的油滴，与肥皂接触后，高级脂肪酸钠分子的憎水基（烃基）就插入油滴内，靠范德华力与油脂分子结合在一起，而易溶于水的亲水基（羧基）部分伸在油滴外面，插入水中。

　　这样，油滴就被肥皂分子包围起来，分散并悬浮于水中形成乳浊液，再经摩擦振动，就随水漂洗而去，这就是肥皂去污原理。但普通肥皂不宜在硬水或酸性水中使用。在硬水中因生成难溶于水的硬脂酸钙盐和镁盐，在酸性水中生成难溶于水的脂肪酸，大大降低其去污能力。

二、实验本体研究

（一）实验目的

模拟体验肥皂工业制作流程，感悟化学的魅力。

（二）实验原理

皂化反应是油脂在氢氧化钠溶液中水解生成肥皂和甘油的过程。工业上就是利用油脂的皂化反应制取肥皂。肥皂是脂肪酸的强碱盐，大多数肥皂是硬脂酸钠和软脂酸钠的混合物。软脂酸（$C_{15}H_{31}COOH$）存在于植物油中；硬脂酸（$C_{17}H_{35}COOH$）存在于动物油中。皂化反应方程式：

$$
\begin{array}{l}
C_{17}H_{35}COOCH_2 \\
C_{17}H_{35}COOCH \\
C_{17}H_{35}COOCH_2
\end{array}
+3NaOH \xrightarrow{\triangle} C_{17}H_{35}COONa +
\begin{array}{l}
CH_2OH \\
CHOH \\
CH_2OH
\end{array}
$$

（三）实验用品

实验仪器：电子秤（精准到 1 g）、温度计 2 支（100 ℃及以上承载量的）、打蛋器、硅胶刮刀、耐热塑料杯、烧杯、不锈钢勺、不锈钢模具、安全眼镜、橡胶手套、实验服、口罩。

实验药品：橄榄油、椰子油、棕榈油、纯净水、烧碱。

（四）实验过程

（1）准备油：有几种油在常温下是固态，隔水加热到熔化，如图 1 所示。

（2）称量橄榄油 300 g、椰子油 100 g、棕榈油 100 g。把称量好的油品倒入一个大的耐热及耐碱的容器内，如图 2 所示。

图 1　隔水加热　　　　　　　　　图 2　倒油品

（3）溶解氢氧化钠。用耐热的塑料杯装好纯净水 175 mL，称量氢氧化钠 66 g，轻轻倒入水中，如图 3 所示。

注意：小心操作，不要溅出。溶解时会大量放热，请在通风处操作，不要吸入挥发性气体，以免损伤呼吸道。放入氢氧化钠后，用耐热、耐碱的工具轻轻搅拌，直到水溶液透明。之后静置降温。

（4）使油品温度和氢氧化钠溶液温度保持一致，使油品与氢氧化钠溶液保持在 35 ℃～45 ℃，上下误差不超过 3 ℃，如图 4 所示。

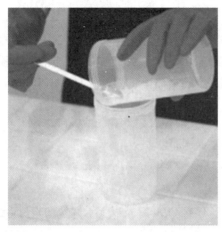

图 3　加入氢氧化钠　　　　　　　　　　　图 4　保持温度

（5）油碱混合。确认好温度后，将氢氧化钠溶液缓慢倒入油中，同时缓慢搅动油，让氢氧化钠溶液能充分融合。在混合初期耐心搅拌 10 min，后面的过程可以每 10 min 搅拌一下，只要让油碱混合得充分即可。当肥皂液变成较浓稠的酸奶状态，表面痕迹在 3～10 s 内不会消失，就代表已经可以入模了，如图 5 所示。

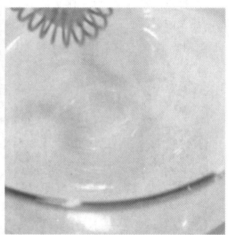

图 5　油碱混合

（6）入模。拿出准备好的模子，把肥皂液轻轻倒入，晃动模子或者轻敲模子，使气泡浮出，如图 6 所示。

（7）保温。在气温低于 25 ℃的天气下，需要一个保温箱防止温度流失过快。泡沫箱是不错的选择，如图 7 所示。

图6 入模

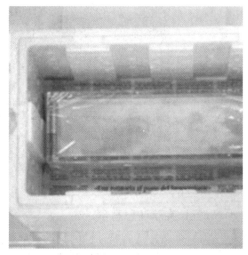

图7 保温

（8）出模。24 小时后，打开保温箱取出肥皂，把肥皂脱出模子，如图 8 所示。

图8 出模

（9）切皂、晾皂。如果肥皂体积很大，就切开、晾干，如图 9 所示。冷制皂通常需要 4~8 周的干燥通风环境晾皂。

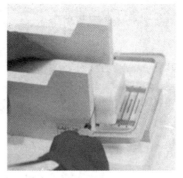

图9　切皂、晾皂

（五）实验注意事项

（1）强碱是具有腐蚀性的化学试剂。勿接触皮肤或熏蒸到眼睛，需小心操作。

（2）肥皂制造时，可以使用耐高温的玻璃器皿、不锈钢或耐高温塑料餐具；切忌使用铝制品。

三、拓展阅读

肥皂是高级脂肪酸的钠盐，它的分子可分为两部分：一部分是极性的羧基，它易溶于水，是亲水而憎油的，叫作亲水基；另一部分是非极性的烃基，它不溶于水而溶于油，是亲油而憎水的，叫作憎水基，如图10所示。

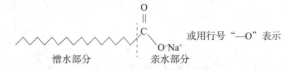

图10　亲水基与憎水基示例

当肥皂溶于水时，在水面上，肥皂分子中亲水的羧基部分倾向于进入水分子中，而憎水的烃基部分则被排斥在水的外面，形成定向排列的肥皂分子。这种高级脂肪酸盐层的存在，削弱了水表面上水分子与水分子之间的引力，所以，肥皂可以强烈地降低水的表面张力，因而是一种表面活性剂。当肥皂在水中的浓度较低时，肥皂分子是以单分子形式存在的，这些分子聚集在水的表面，即亲水基团进入水中，憎水基团被排斥在水的外面。当水中肥皂的浓度逐渐增大时，水的表面上聚集的肥皂分子逐渐增多而形成单分子层。继续增大肥皂的浓度时，由于水的表面已被占满，水溶液内部的肥皂分子中憎水的烃基开始彼此靠范德瓦尔斯力聚集在一起，而亲水的羧基包裹在外面，形成胶体大小的聚集粒子，称为胶束。肥皂的胶束呈球形，如图11所示。形成胶束的最低浓度称为临界胶束

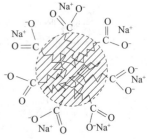

图11　胶束示意

浓度。达到临界胶束浓度时，水的表面已被占满，水的表面张力降至最低。超过了

临界胶束浓度，再增大水中肥皂的浓度，只能增加溶液中胶束的数量。

在洗涤衣物时，肥皂分子中憎水的烃基部分就溶解进入油污内，而亲水的羧基部分则伸在油污外面的水中，油污被肥皂分子包围形成稳定的乳浊液。通过机械搓揉和水的冲刷，油污等污物就脱离附着物分散成更小的乳浊液滴进入水中，随水漂洗而离去，这就是肥皂洗涤原理，如图 12 所示。

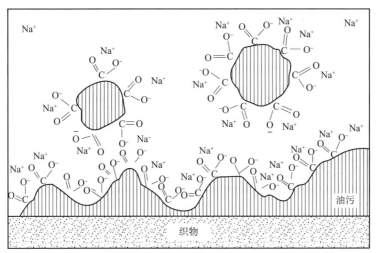

图 12　肥皂洗涤原理

在临界胶束浓度前后，去污能力与肥皂的浓度有很大的关系：低于临界胶束浓度，去污能力随肥皂浓度的下降而急剧下降；超过临界胶束浓度，去污能力几乎不能随肥皂的浓度而改变。其他的洗涤剂也是如此。

肥皂虽然具有优良的洗涤作用，但还有一些缺点，例如，肥皂不宜在酸性或硬水中使用，因在酸性水中能形成难溶于水的脂肪酸，而在硬水中能生成不溶于水的脂肪酸钙盐和镁盐。这样不仅浪费肥皂，而且去污能力大大降低。另外，生产肥皂要消耗大量的食用油脂。所以近年来，根据肥皂洗涤原理，合成了许多具有表面活性作用的物质，这些物质就叫作合成表面活性剂。它不仅可供洗涤用，而且有其他方面的用途。